COMITÉ DE PATRONAGE

DES

ÉTUDIANTS ÉTRANGERS

ET

ASSOCIATION FRANCO-ÉCOSSAISE

3ᵉ MEETING FRANCO-ÉCOSSAIS

(LYON ET GRENOBLE)

Par Paul MELLON

SECRÉTAIRE GÉNÉRAL DE LA BRANCHE FRANÇAISE

DOLE

IMPRIMERIE GIRARDI ET AUDEBERT

43, RUE DES ARÈNES, 43

—

1904

COMITÉ DE PATRONAGE

DES

ÉTUDIANTS ÉTRANGERS

ET ASSOCIATION FRANCO-ÉCOSSAISE

COMITÉ DE PATRONAGE

DES

ÉTUDIANTS ÉTRANGERS

ET

ASSOCIATION FRANCO—ÉCOSSAISE

3ᵉ MEETING FRANCO - ÉCOSSAIS

(LYON ET GRENOBLE)

Par Paul MELLON

SECRÉTAIRE GÉNÉRAL DE LA BRANCHE FRANÇAISE

DOLE

IMPRIMERIE GIRARDI et AUDEBERT

43, RUE DES ARÈNES, 43

—

1904

TROISIÈME MEETING

DE

L'ASSOCIATION FRANCO-ÉCOSSAISE

———

Rien de plus agréable que la vie en commun entre gens de bonne compagnie. Les meetings de Paris et d'Edimbourg en avaient fourni une première preuve ; ceux de Lyon et de Grenoble n'ont pas été moins significatifs.

La caractéristique des meetings de l'Association franco-écossaise est, en effet, d'échapper à toute discordance, et les réunions qu'elle organise sont toujours empreintes d'une gaîté de bon aloi ; s'il était nécessaire de définir ce qui les distingue, il est certain que le vocable qui répondrait le mieux à la réalité, serait celui de la bonne entente et de la bonne humeur.

Pourtant, il y a entre nos réunions, suivant qu'elles ont lieu en Ecosse ou en France, une certaine différence.

Là-bas, sur les bords du Forth, dans la nouvelle Athènes, les membres de l'Institut et de nos Universités, les membres de la branche française, avaient été reçus dans les demeures royales ou dans les résidences princières de la haute aristocratie, et c'est

1

avec un soin jaloux que chacun de nous a gardé le souvenir du marquis qui, à New-Battle-Abbey, évoquant la figure de sa noble mère, nous disait avec des larmes dans la voix ce qu'elle avait fait pour nos pauvres blessés pendant la guerre de 1870, et la sympathie profonde qu'il éprouvait lui-même pour le pays qu'elle avait aimé.

Ici, chez nous, l'hôte n'est plus un homme de qualité, illustre par sa naissance, puissant par ses richesses, par son rang à la Cour, et très souvent le château qui ouvre ses portes n'est plus la demeure aristocratique où un grand seigneur vous accueille. Ce sont des syndicats, des collectivités, des groupes qui ont pris sa place ; mais l'association de l'élément populaire, quand elle se produit, comme cela a été si souvent le cas en Savoie et en Dauphiné, donne aussi aux manifestations de sympathie une réelle grandeur, et pour être d'un autre ordre, l'impression produite n'est ni moins intense, ni moins profonde. Ainsi à Bourg-d'Oisans, dans ce cadre admirable de cimes neigeuses, lorsque toute la population, le maire en tête, sous des berceaux d'oriflammes et aux accents de la *Marseillaise*, souhaita la bienvenue aux membres du meeting, il n'y en eut pas un seul parmi eux qui, en présence de tous ces montagnards assemblés et heureux de recevoir leurs hôtes, ne sentît comme un frisson où passait quelque chose de l'âme de la France ; et c'était très beau aussi.

Dès le 11 juin, une réunion tenue à la Sorbonne avait accepté les lignes principales du programme exposé par le secrétaire général, et des mesures avaient été prises pour parer, en partie du moins, aux dépenses qui allaient être engagées. Le Comité de patronage des étudiants étrangers de Paris avait promis son concours, et pour le reste on comptait sur la reconnaissance que la brillante réception d'Edimbourg avait laissée dans tous les cœurs, et sur la bienveillance de M. le Ministre de l'Instruction publique, bienveillance qui, en effet, ne fit pas défaut.

Tout ayant été ainsi réglé, pour ce qui est de la préparation générale, et les mots d'ordre ayant été échangés entre Paris, Edimbourg, Lyon et Grenoble, rendez-vous fut pris pour le 12 septembre, à 9 heures du matin, à Lyon.

Dire déjà ici ce que fut le meeting serait vraiment trop anticiper sur le récit qui va suivre. Les faits parleront suffisamment d'eux-mêmes. Qu'il me soit permis cependant d'ores et déjà de rendre hommage au zèle, au dévouement de tous ceux qui, à Lyon, à Grenoble ou ailleurs, ne ménagèrent ni leurs efforts, ni leurs peines pour donner au troisième meeting tout l'éclat possible.

M. Compayré et M. Joubin, la Société des amis de l'Université de Lyon, et son président M. Cambefort, M. Marcel Reymond et ses collègues du Comité de patronage des étudiants étrangers de Grenoble, se sont acquis des droits à la reconnaissance la plus vive de la branche française de l'Association, pour la façon si large, si cordiale, si complète dont ils ont rempli les devoirs de l'hospitalité.

Pendant dix jours, ce n'a été qu'une succession de

surprises, et c'est bien sincèrement que nos hôtes nous ont dit leur satisfaction.

Tout d'ailleurs se trouvait réuni, grâce à l'ingéniosité de ceux qui avaient la charge de l'organisation locale, pour satisfaire les goûts les plus divers : beauté des sites, accueil empressé, merveilles de l'industrie lyonnaise ou dauphinoise, impressions d'art.

Beaucoup d'entre les Ecossais ne se doutaient pas que la France renfermât de telles beautés naturelles ni qu'elle eût déjà porté si loin l'art d'utiliser industriellement les énergies des chutes d'eau et des torrents. Le nombre infini de tous ces fils aériens courant le long des routes, éveillait leur vive curiosité ; et c'est avec un sentiment de fierté bien légitime que nous faisions les honneurs d'un pays si curieux par ses aspects pittoresques, si grand par ses souvenirs, si intéressant par son avenir industriel.

Tout ne marcha pas parfois, il est vrai, au gré de nos désirs. Comme pour nous punir de l'avoir tenté à une époque relativement tardive, le ciel nous tint rigueur, et la montagne, jalouse de sa beauté, s'enveloppa les premiers jours de longs voiles de brume. Nous ne pûmes montrer ni les glaciers des Ecrins, ni les sommets de la Meidje, ni l'incomparable panorama du col du Galibier.

Mais ces petites déconvenues n'altérèrent en rien la bonne humeur générale et jusqu'au bout tout le monde suivit les bons conseils qu'avait bien voulu nous donner au départ M. Bréal ; on sut oublier, à force d'entrain et de gaieté, les maussaderies du temps. Qui aurait vu le soir du Lautaret la gravité universitaire se marier dans l'étreinte d'une valse tournoyante à la grâce mutine et charmante de certain petit béret rouge, ne se serait jamais douté que c'était après une longue journée de fatigues et après une très longue étape dans le froid et dans la neige.

Mais je n'insiste pas davantage sur ces impressions d'ensemble et je passe, sans plus tarder, m'aidant de souvenirs personnels ou des comptes rendus des feuilles locales, au récit plus détaillé de l'emploi de nos journées. Le simple lecteur, qui n'a pas fait partie de la caravane, y trouvera sans doute bien des longueurs ; mais où serait l'intérêt d'un procès-verbal arrangé ou tronqué au gré de la fantaisie personnelle ? En pareille matière ne vaut-il pas mieux, même au risque de lasser un peu l'attention, pécher plutôt par excès de répétitions que de pratiquer des coupures ?

Malgré tout, cependant, ce compte rendu ne sera pas complet. On ne saurait songer à tout, et nous avions oublié les sténographes !

PREMIÈRE JOURNÉE

LYON

Samedi 12 septembre.

———————

Ainsi qu'il en avait été décidé dans la réunion présidée par M. Gréard à la Sorbonne le 11 juin, tous les membres du meeting (1) se trouvaient réunis le 12 septembre, à 9 heures du matin, dans le vestibule de l'Université de Lyon.

Le Recteur, M. Compayré, entouré des professeurs et des notabilités lyonnaises, les y reçoit, puis les conduit dans le grand amphithéâtre, où il ouvre la séance, en sa qualité de président. A sa droite et à sa gauche prennent place M. Casimir-Périer et Lord Glenesk ; tout autour les doyens, les professeurs,

(1) Membres Ecossais présents au Meeting :

I. — BRANCHE ÉCOSSAISE : Lord Glenesk, Président écossais de l'Association franco-écossaise ; Lord Reay, G. C. S. I. ; G. C. I. E. ; LL. D., Vice-Président écossais de l'Association ; Mr. D. Scott Moncrieff, W. S. ; Mrs. Scott Moncrieff ; Mr. Major-General E. Davidson Smith ; Professor G. Baldwin Brown, M. A. ; Mrs. Glassford Bell ; Major J. Charles Wardrop ; Mrs. Wardrop ; Mr. A. A. Gordon, C. A., secrétaire général de l'Association ; Mrs. A. A. Gordon ; Mr. A. S. Blair, W. S. ; Captain C. Ogston, of the Gordon Highlanders ; Professor Thomas Oliver, M. D. ; Mr. W. M. Gilbert ; Mr. James Macdonald, W. S. ; Mrs. Macdonald ; Mr. George Cadell ; Miss Guthrie Wright ; Mr. N. Hay Forbes, F. R. C. S. E. ; J. P. ; Mrs. Forbes ; Mr. W. W. Mckechnie, M. A. ; Colonel John Coubrough ; Mr. Charles Sarolea, Ph. D. ; D. Litt. ; Mr. J. T. Bisset-Smith, C. S. ; Mr. James Walker, C. A. ; Mr. Leonard N. Robinson, M. B. ; Mrs. Robinson ; M. Charles Martin M. A. ; O. A. ; Mme Martin ;

M. Gordon, le secrétaire général de la branche Ecossaise, M. Bayet, directeur de l'enseignement supérieur, le Président de la Société des amis de l'Université, M. Cambefort, M. Aynard, député, M. Paul Mellon, secrétaire général de la branche française, etc., etc. Dans la salle un public nombreux et sympathique.

A peine les applaudissements ont-ils pris fin que le Président se lève et célèbre la visite de l'Association comme une nouvelle preuve des sentiments d'amitié qui entraînent l'une vers l'autre la Grande-Bretagne et la France.

Mesdames, Messieurs,

Il m'est infiniment agréable de souhaiter la bienvenue aux membres des deux branches de l'Alliance franco-écossaise, de les recevoir au nom de l'Université de Lyon ; et je suis heureux de pouvoir le faire en présence de M. Bayet, directeur de l'enseignement supérieur de France, qui, en se joignant à nous, a tenu à vous prouver quel prix la haute administration de l'instruction publique attache aux efforts et au succès de votre Association.

Vous, Messieurs, qui représentez quelques-unes des plus vieilles Universités du monde — puisque l'Université de

Mrs. Malcolm ; Mr. Keay-Falconer ; Mrs. Keay-Falconer ; M. A. Mercier, licencié ès-lettres ; Mr. Thomas Paton ; M. E. Reboul, F. R. C. P. and S., Edin ; Mᵐᵉ Reboul ; Miss Robinson ; Miss Gilbert ; Miss Walker ; Miss Keay-Falconer ; Miss Toureille ; Miss de Ferro.

II. — BRANCHE FRANÇAISE : M. Casimir-Périer, ancien Président de la République française, Président français de l'Association franco-écossaise ; M. Edouard Aynard, député du Rhône, membre de l'Institut, membre du Conseil de direction ; M. Bonet-Maury, professeur à la Faculté de théologie protestante de Paris ; M. Croiset, de l'Institut, doyen de la Faculté des Lettres ; M. Derenbourg, membre de l'Institut ; Mᵐᵉ Derenbourg ; M. Mariette ; M. Paul Mellon, secrétaire général ; M. Paul Meyer, de l'Institut ; M. Ennemond Morel, président de la Société d'Economie politique de Lyon ; M. Léon Morel, professeur de l'Université ; M. Royer-Collard ; M. Raymond Saleilles, professeur à la Faculté de droit de Paris.

St-Andrews a été fondée au quinzième siècle, en 1411 — vous êtes venus apporter à la jeune Université de Lyon, qui date d'hier, qui est née au souffle de liberté des dernières années du dix-neuvième siècle, vous êtes venus apporter à la sœur cadette les encouragements, les exemples, j'allais dire les bénédictions de ses anciennes, de ses sœurs aînées. Nous vous en sommes profondément reconnaissants.

Je salue avec respect à votre tête le Président de la branche écossaise, Lord Glenesk, l'éminent successeur de Lord Reay, dont nous regrettons l'absence, et qui avait pris une part si brillante, en 1894, aux travaux de notre Congrès international d'enseignement supérieur.

Et je salue aussi avec joie le Président de la branche française. Héritier d'un grand nom fièrement porté, M. Casimir-Périer semble ne s'être volontairement démis de la plus haute magistrature de l'Etat, où l'avait appelé la confiance du Parlement, que pour mettre son activité et son dévouement au service des grandes causes-du progrès intellectuel et de l'action humanitaire ; c'est ainsi que nous le retrouverons dans quelques mois non loin d'ici, à Saint-Etienne, comme président du Congrès d'hygiène sociale. M. Casimir-Périer sait depuis longtemps quelle est ma déférence respectueuse pour sa personne, et c'est cette affection même qui m'interdit d'en dire davantage.

Nous vous remercions d'être venus, Messieurs ; nous vous remercions encore plus d'exister, je veux dire d'avoir créé dans l'intérêt du renouvellement des vieilles relations qui, pendant les siècles, ont uni la France à l'Ecosse, une alliance universitaire, une œuvre d'initiative privée et de solidarité : deux mots qui sonnent agréablement aux oreilles des Lyonnais, dont la grande cité se flatte, non sans raison, d'être une des villes de France qui se distingue entre toutes par son esprit d'initiative et d'association dans tous les domaines, dans toutes les entreprises de la pensée, de l'action sociale et du travail industriel.

Nous avons été des premiers à applaudir à votre tentative, et lorsque, en 1897, vous avez tenu à Edimbourg votre premier meeting, nous avons tout de suite essayé de vous prouver nos sympathies en priant M. Ennemond Morel, vice-président de la Société des Amis de l'Université lyonnaise, de nous représenter auprès de vous, et à son retour notre aimable ambassadeur n . a fait de votre accueil hospitalier, de vos fêtes brillantes, le plus séduisant des tableaux.

Nous aurions voulu, Messieurs, que notre réception d'aujourd'hui fût plus digne de nos hôtes. Nous aurions voulu vous montrer notre Université naissante en pleine activité, aux heures où, dans la ruche laborieuse, tout le monde est à son poste et au travail.

Mais, dans ces jours de vacances et de dispersion, étudiants et professeurs ont essaimé à l'envi. De nos 2.600 élèves — nous en comptons presque autant que votre belle Université d'Edimbourg — il en reste à peine quelques-uns qui sont fiers d'arborer devant vous le drapeau de leur Association et qui vous prient de rapporter à leurs camarades d'Ecosse l'expression de leurs sentiments fraternels.

C'est donc dans des salles désertes que nous allons vous introduire ; c'est un atelier sans ouvriers, une scène vide de ses acteurs, une nécropole universitaire que vous allez visiter.

Nous espérons cependant qu'après avoir vu nos amphithéâtres spacieux, nos riches laboratoires, nos collections et nos musées, après avoir parcouru ces vastes bâtiments d'une architecture imposante, solidement assis et immobilisés pour des siècles devant les flots rapides du Rhône qui passe, vous emporterez l'idée que l'Université de Lyon possède presque tous les instruments du travail scientifique ; qu'il y a ici, dans toutes les directions de la pensée humaine, un réel mouvement d'idées, un labeur intellectuel considérable ; que Lyon enfin n'est pas seulement la ville des belles soieries, une métropole industrielle et commerciale, que Lyon est aussi un foyer puissant d'enseignement, où deux ou trois mille étudiants et des centaines de maîtres s'efforcent, dans un sincère amour de la vérité, dans un grand esprit de liberté, de maintenir et d'agrandir le patrimoine spirituel de l'humanité civilisée.

Assurément nous ne sommes pas, sous tous les rapports, aussi favorisés que vous l'êtes. Nous n'avons pas encore rencontré un M. Carnegie pour nous faire don de 600.000 fr., destinés à créer des bourses d'études.

Nos étudiants n'ont pas la bonne fortune de posséder une *University Union*, un cercle universitaire, qui soit, comme votre historien, M. le professeur Kirkpatrick, le dit de celui d'Edimbourg, « un paradis d'étudiants », un paradis dont la construction seule a coûté 325.000 fr. Notre Faculté de méde-

cine, si puissante pourtant, avec ses 1.200 ou 1.300 élèves, ne
pourra vous montrer que l'embryon de son musée d'anatomie,
alors qu'à Edimbourg vous en avez un qu'on dit magnifique,
et depuis de longues années. Nous n'avons que quatre Facultés, Edimbourg en compte six. Nous ne faisons pas encore
dans une Faculté de musique des docteurs ès arts musicaux...

Du moins dans les limites de leurs enseignements, la production de nos quatre Facultés est-elle abondante et brillante.
Il sort d'ici, bon an mal an, de vingt à trente docteurs en
droit, environ deux cents docteurs en médecine, une cinquan-
taine de diplômés en pharmacie, une dizaine de docteurs ès
lettres ou ès sciences. Et je ne parle pas de nos licenciés, de
nos bacheliers, qui sont légion. Je ne parle pas non plus des
beaux livres, des savants mémoires de nos professeurs, qui
enrichissent chaque année les annales de l'Université de Lyon.
Nous ne sommes plus une simple « machine à examens », et
nous comptons des maîtres qui sont des illustrations de Lyon
devant la France, quelques-uns même des illustrations de
Lyon devant l'Europe et le monde.

L'année qui s'écoule, Messieurs, a été féconde en rapprochements heureux entre votre pays et le nôtre.

Elle a été marquée par le double voyage du roi d'Angleterre
à Paris et du président de la République française à Londres,
et il serait malaisé de dire de quel côté de la Manche l'accueil
fait par les deux peuples aux deux chefs d'Etat a été le plus
cordial et le plus sympathique.

D'autre part, un certain nombre de parlementaires français,
invités par la Chambre des Communes, sont allés en Angleterre étudier les moyens de resserrer les liens économiques des
deux pays. Et les parlementaires anglais doivent prochai-
nement leur rendre cette visite.

A toutes ces manifestations, à tous ces échanges de poli-
tesse et de sympathies internationales, s'ajoute aujourd'hui
entre hommes d'Université, une rencontre, un rapprochement
d'un autre genre, qui, dans son cadre plus modeste, n'en a pas
moins son importance. Nous accomplissons un acte de fusion,
d'union intellectuelle, dont l'Association franco-écossaise est
le vivant symbole. Nous nous réunissons pour témoigner de
notre foi dans les progrès de l'esprit humain et pour les seconder. L'union est aisée, et elle est désirable à tous les points
de vue, quand il s'agit de la science, la science qui n'a point

de frontières. Dans un temps où l'on parle beaucoup de cosmo-
politisme, où l'on en abuse peut-être, c'est là du bon, de l'excellent internationalisme ; car, après avoir fraternisé pendant
quelques heures dans notre commun amour de la vérité, après
avoir proclamé que sur le terrain de l'enseignement nous
sommes amis et alliés, nous sortirons de cette réunion plus
disposés que jamais à servir avec ardeur, avec passion, nos
pays respectifs, à nous dévouer pour nos patries bien-aimées.

Lord Glenesk rappelle ensuite les causes historiques
de la sympathie des Ecossais pour notre pays, et
vante les splendeurs de la terre de France et les bien-
faits de son soleil. Puis M. Bayet, dans cette belle
langue imagée et élégante dont il a le secret, apporté
aux Congressistes les souhaits de bienvenue du Ministre de l'Instruction publique et salue de sa part
M. Casimir-Périer, qui prête l'appui de son talent et
l'autorité de son nom à toutes les œuvres de solidarité
sociale et d'intérêt national.

Les discours terminés, tout le monde se lève, et à
la suite du Recteur, des Doyens et des Professeurs,
visite les laboratoires, la bibliothèque, le musée des
moulages, les services de physique, d'hygiène, d'anatomie, etc.

Il aurait fallu des journées pour voir, comme elles
le méritaient, toutes ces belles collections, et se rendre compte des efforts qui ont été faits à Lyon, pour
mettre à la hauteur des exigences de la science
actuelle les ressources qu'offre l'Université, mais
l'heure presse et il faut se hâter vers le musée des
tissus, le plus complet qui soit au monde.

En s'y rendant, du haut des mail-coaches de grand
luxe préparés par les soins de jeunes amis de l'Université, M. Cambefort et M. Morel fils, on jette un

regard, hélas ! trop rapide sur les monuments de la ville et en route vers la salle du banquet offert par l'Université de Lyon.

L'assistance est très nombreuse : d'abord tous les membres de l'Association et les Universitaires, puis un grand nombre de notabilités lyonnaises, M. Isaac, Président de la Chambre de Commerce, M. Cambefort et M. Oberkampf, Président et Vice-Président de la Société des Amis de l'Université, M. Ennemond Morel, Président de la Société d'Economie politique, M. Sabran, Président du Conseil d'administration des hospices, M. Claudot, médecin principal, les doyens MM. Lortet et Depéret, MM. les professeurs Gayet, Florence, Chabot, etc., etc.

Au dessert, M. Compayré, qui préside, présente à nouveau ses souhaits de bienvenue et rend hommage à l'œuvre que fait l'Association en réunissant sur le terrain de la Science et de l'Université la France et l'Ecosse. Après avoir porté la santé du roi d'Angleterre, il parle des visites récentes faites à Paris et à Londres, et y voit, aux applaudissements unanimes de l'assemblée, la preuve des progrès qu'ont faits les idées de rapprochement et d'alliance.

Mesdames et Messieurs, dit-il, je m'excuse de reprendre la parole, sitôt après la séance où j'ai eu l'honneur de vous souhaiter la bienvenue au nom de l'Université de Lyon ; mais puisque j'ai eu la bonne fortune de présider cette fête, j'ai à cœur de remercier d'abord tous ceux qui en ont été les organisateurs, notamment les deux secrétaires généraux de l'Association franco-écossaise ; pour l'Ecosse, l'aimable M. A.-A. Gordon, pour la France, l'actif et infatigable M. Paul Mellon.

Grâce à eux, grâce au président, au vice-président de l'Association, et à tous leurs collaborateurs, ce troisième meeting a pu réussir et resserrer les liens qui s'étaient déjà noués aux meetings de Paris et d'Edimbourg.

C'est qu'il y a, Messieurs, entre l'Ecosse et la France des sympathies séculaires, et, j'oserai le dire, une véritable affinité intellectuelle.

Personnellement, bien que je ne sois jamais allé visiter l'Ecosse, je ne saurais oublier ce que je lui dois.

Je ne parle pas seulement des romans de Walter Scott, qui ont charmé l'imagination de ma jeunesse. Mais quand j'ai commencé mes études philosophiques, ce sont vos philosophes, Messieurs, qui ont été mes initiateurs. Au lycée, à l'Ecole normale, j'ai vécu de longues heures dans la compagnie de Reid, de Dugald-Stewart, de Hamilton; c'est avec eux que j'ai appris à philosopher.

Oui, si jadis la reine d'Ecosse a occupé quelque temps le trône de France, on peut bien dire qu'il y a eu un moment, au milieu du XIX⁰ siècle, où les philosophes écossais ont exercé en France une sorte de royauté intellectuelle.

Et lorsque de philosophe je suis devenu pédagogue, c'est encore chez vous que je suis allé chercher quelques-unes de mes inspirations: c'est votre professeur *of Institutes and History of Education*, dans la chaire de l'Université d'Edimbourg, c'est l'éminent M. Laurie que j'ai salué de loin comme un maître. Et enfin, pour citer un petit fait qui prouve, par une rencontre singulière, la communauté persistante de nos études, deux livres sur Herbart, le grand pédagogue allemand, ont paru dans ces trois derniers mois; ils ont pour auteurs, l'un, M. Alexandre Darroch qui vient de succéder à M. Laurie dans l'Université d'Edimbourg; l'autre, le recteur de l'Académie de Lyon.

L'avenir, nous l'espérons, étendra encore les relations qui unissent déjà nos Universités. Comment oublier que, cette année même, nous vous avons emprunté deux précieux collaborateurs: M. Purves, notre *lecturer* d'anglais, et M. Sarolea, maître de conférences à l'Université d'Edimbourg, qui, pendant un semestre, a professé en excellent français un cours des plus intéressants sur Carlyle, devant un auditoire nombreux et attentif?

Un de vos plus célèbres éducateurs, Mathieu Arnold, a écrit ce vers:

France, famous in all great arts, in none supreme.

— Je m'excuse de mal prononcer : j'aurais bien besoin, pour achever d'apprendre l'anglais, d'aller suivre au moins pendant un semestre les cours de votre éminent professeur d'Edimbourg, M. Kirkpatrik, dont nous savons qu'il accueille si cordialement les étudiants étrangers, et notamment les étudiants français.

Et au lieu de répéter, avec mon mauvais accent, le vers anglais d'Arnold, j'aime mieux le traduire en français : « La France, fameuse dans tous les grands arts, n'a la suprématie dans aucun. »

Je ne pense pas que M. le Président de la Chambre de commerce, M. Isaac, qui honore notre réunion de sa présence, accorde volontiers à Arnold que Lyon n'a la suprématie en aucun grand art, si toutefois, comme je le crois, la soierie est un art, cette belle soierie lyonnaise qui, dans le monde entier, Mesdames, va embellir encore votre beauté.

Mais, quant à nous, Université de Lyon, si nous n'avons pas la prétention d'aspirer à la suprématie, nous nous efforçons pourtant de tenir un des premiers rangs en France, le premier même après Paris, s'il faut en croire le Directeur de l'enseignement supérieur, M. Bayet, qui connaît bien l'Université de Lyon — puisqu'il y a enseigné pendant de longues années et qu'il lui appartient encore comme doyen honoraire de la Faculté des lettres — et qui ne me démentira pas si je lui rappelle qu'il a écrit : « L'Université de Lyon est la plus puissante des Universités de province, par la solidarité de ses Facultés et de ses professeurs, par le nombre de ses étudiants, par l'installation de ses services et surtout par la foi qu'elle a dans son rôle ! »

. . . .

Nous garderons de votre visite, beaucoup trop courte à notre gré, un ineffaçable souvenir. Nous souhaitons que, de votre côté, vous emportiez de votre passage à Lyon une agréable impression, et que vous y reveniez un jour ou l'autre.

Lorsque, après son règne éphémère en France, l'infortunée Marie Stuart s'embarqua sur le navire qui l'emportait vers ses tragiques destinées, notre chroniqueur Brantôme, qui accompagnait la reine, rapporte qu'elle s'écria, ses beaux yeux pleins de larmes : « France, ma chère France, je ne te reverrai jamais plus, » et le regard fixé sur les côtes qui s'enfuyaient dans le lointain, elle se mit à regarder la France encore tant qu'elle put !

Nous souhaitons, Mesdames et Messieurs, que vous aussi, quand vous reprendrez le chemin de l'Ecosse, vous ayez au cœur pour la douce France un souvenir, un sentiment de regret; mais que vous ne disiez pas, comme la pauvre et touchante Marie : « France, je ne te reverrai plus ! »

Je ne vous dis donc pas adieu, mais au revoir. Et avant de nous séparer je vous convie à porter avec moi un double toast, à lever vos verres en l'honneur du roi d'Angleterre, Edouard VII, hôte de la France, acclamé par Paris, et du Président de la République française, M. Emile Loubet, hôte de l'Angleterre, acclamé par Londres.

Dans une allocution pleine d'humour, Lord Glenesk donne la réplique à M. Compayré et lève son verre en l'honneur de M. Loubet, président de la République française. On applaudit, et M. Casimir-Périer prend à son tour la parole.

Milords, Mesdames, Messieurs,

Pour arriver jusqu'à nous, à travers l'Angleterre et la moitié de la France, vous avez suivi le chemin qu'ont tracé tous les souvenirs du passé. Ces souvenirs, la réunion de la Sorbonne les avait évoqués en 1896; c'est vous qui les avez consacrés par le meeting d'Edimbourg.

A diverses époques de l'histoire, nos sympathies ont eu, pour aller les unes au-devant des autres, des préjugés à vaincre ou des obstacles à franchir; nous devons à Sa Majesté le Roi de la Grande-Bretagne la joie de nous sentir plus près de vous.

Votre patriotique loyalisme est maintenant à l'aise sur la terre de France et la loyauté de notre patriotisme peut tout à la fois accueillir et fêter en vous des amis toujours fidèles et les nobles citoyens d'un grand empire.

Pour resserrer les liens qui nous unissent, les relations directes et les entretiens familiers valent mieux que le discours que je vous ferais.

Les deux branches Ecossaise et Française vont se rapprocher et se confondre. Nous allons ces jours-ci causer comme des amis qui se retrouvent après une trop longue séparation.

Il y a entre nous des affinités qui appellent cette étreinte des mains où les cœurs se donnent.

Je remercie tous nos hôtes et je me félicite aujourd'hui que le mot *hôtes* veuille dire à la fois ceux qui sont reçus et aussi, mon cher Recteur, ceux qui reçoivent.

Nous avons été longtemps collègues à la Chambre des députés. Nos vieilles et bonnes relations prouveront à nos amis d'Ecosse que la politique, qui divise souvent, rapproche et unit parfois les hommes.

Je remercie Lord Glenesk de sa présence parmi nous : le nom qu'il porte, son caractère, son aménité lui ont déjà conquis notre respectueuse sympathie.

D'autres orateurs se font encore entendre, le Président de l'Association des Etudiants, M. Bayet, M. Lortet, qui, à son tour, exprime le plaisir que cause à Lyon la visite de la branche Ecossaise.

Chers amis d'Ecosse, dit-il, permettez-moi de vous donner ce nom, je suis heureux de pouvoir aujourd'hui vous souhaiter encore la bienvenue au nom de notre Faculté de Médecine.

Nous sommes très contents de votre visite amicale, et cependant vous ne venez point comme dans l'antiquité, un rameau d'olivier à la main — car, hélas! l'olivier ne pousse plus en Ecosse — pas même avec une tige de ces chardons de vos montagnes.

Mais vous arrivez chez nous avec quelque chose de bien plus précieux encore, avec ces paroles consolantes ancrées dans votre cœur depuis votre enfance : « Paix sur la terre, bonne volonté parmi les hommes. »

Paix et bonne volonté, c'est ce que désirent surtout les hommes qui font partie de notre Faculté, ceux de ma génération surtout qui ont vu tant de sang répandu, tant de douleurs morales, tant de souffrances physiques, tant de déchirements prématurés.

Et c'est pourquoi, nous qui sommes chargés de soulager les maux causés par les autres, nous avons la guerre en horreur. C'est pourquoi nous sommes très heureux de votre arrivée, de vos paroles de paix, car nous sommes certains, nous désirons ardemment que ces visites, fréquemment renouvelées, cimenteront une amitié solide entre les peuples qui s'estiment et surtout qu'elles forcent gouvernements et pasteurs des hommes à épargner aux nations civilisées les infamies des hécatombes humaines.

Amis Ecossais, dans le fond du cœur, nous sommes reconnaissants de votre visite. Je lève donc mon verre en l'honneur de notre vieille amitié franco-écossaise et à la prospérité de votre belle patrie.

Le banquet à peine terminé, le cri de « en route, en route », qui va nous rappeler si souvent pendant les jours suivants que le programme est très chargé, se fait entendre, et les mail-coaches du matin conduisent les Congressistes au confluent de la Saône et du Rhône, et à Chaponost aux ruines des acqueducs romains. Chacun sait que ces aqueducs, au nombre de six au moins, avaient une longueur totale de 160 kilomètres, et fournissaient à la population de Lyon, estimée à l'époque à 100.000 habitants, une masse totale d'eau de 75.000 mètres cubes par vingt-quatre heures. Celui du mont Pilat notamment amenait les eaux de la rivière Gier au-dessus de St-Chamond, à 450 mètres d'altitude, et par une série de ponts à siphon, de ponts-aqueducs, de réservoirs, alimentait la ville de Lyon. Le temps n'a point encore eu raison de l'œuvre de Claude, et il en reste toujours, tant à Bonan qu'à Chaponost, de très belles arcades que le lierre et la mousse tapissent de verdure.

La journée est suffisamment belle et c'est à travers une gaze aux fils d'or que nous admirons les lignes de ce doux paysage presque florentin, tandis que dans un lointain vaporeux, l'active fourmilière met en œuvre

2

toutes ses énergies morales et intellectuelles pour servir
l'idée de progrès et la gloire du pays. Il fait presque
nuit quand nous redescendons à Lyon, et le banquet
est à 7 h. 1/2. Il faut donc se hâter.

A l'heure dite, tout le monde est cependant réuni
dans la vaste salle de l'Hôtel de l'Europe que décorent
les couleurs des deux nations et où, pendant le repas,
une musique discrète se fait entendre.

Plus de quatre-vingt-dix convives prennent place
autour du fer à cheval. Les uniformes de l'armée se
mêlent au frac des universitaires ou des plus hauts
représentants de l'industrie lyonnaise. A la table d'honneur M. Cambefort préside. A sa droite et à sa gauche
ont pris place les membres des bureaux de l'Association, les notabilités Ecossaises, le général d'Ápvril,
M. Morin-Pons, M. Ulysse Pila. Plusieurs dames
de la haute société lyonnaise rehaussent de l'élégance
aristocratique de leur parure et de leur distinction
l'éclat de la réunion. Lord Glenesk dit tous les regrets
de ceux de ses compatriotes que leurs occupations ont
empêchés de prendre part au meeting, et lit les lettres
d'excuses de Lord Kelvin, du Earl of Stair, du Viscount
Dalrymple, du principal of the University of St-
Andrews, du professeur Kirkpatrick, de sir Frédéric
Pollock, de l'honorable John Abercromby, etc., etc.

Au moment psychologique, M. Cambefort ouvre la
série des toasts. Il porte d'abord la santé du roi d'Angleterre, puis continue en ces termes :

En acceptant l'invitation de la Société des Amis de l'Université Lyonnaise à vous arrêter quelques instants dans nos murs,
vous avez sans doute voulu resserrer les liens séculaires qui
ont toujours rattaché l'Ecosse à la France.

En même temps, vous avez voulu par votre présence donner une nouvelle force à ce courant pacifique, qui, sous le nom d'entente cordiale, règne aujourd'hui des deux côtés de la Manche, entre la Grande-Bretagne et notre pays.

Mais n'est-elle pas déjà réalisée depuis un temps immémorial, cette union de la France avec cette partie du Royaume-Uni que vous représentez ici, Mylord, Ladies and Gentlemen? Vos annales et les nôtres en portent la trace évidente.

La création de la Franco-Scottish-Association est née précisément du désir réciproque d'un rapprochement plus intime.

Il éclate à chaque page dans ce que vous appelez les *transactions*, et ce que nous désignons sous le nom un peu cérémonieux de procès-verbaux de nos réunions.

Ils sont écrits tantôt en anglais et tantôt en français. Mais ils se fondent dans un même sentiment, comme seraient deux vieux conjoints qui s'entendent à merveille, bien que leur langue maternelle diffère l'une de l'autre.

On a écrit des volumes sur le rôle joué autrefois par les Ecossais en France et par les Français en Ecosse. Il est inutile de le retracer devant vous.

Je me bornerai à évoquer la figure de Marie Stuart qui avait réuni un instant sur sa tête la double couronne de France et d'Ecosse. Ses charmes, ses talents, ses malheurs, ont popularisé parmi nous l'image de cette aimable princesse victime de sa tragique destinée. Il serait fastidieux de vous dire les noms des poètes qu'elle a inspirés. Vous les connaissez comme moi.

Mais, au risque de passer pour un vieux barde, je ne puis résister au plaisir de rappeler devant vous les vers qu'elle avait, dit-on, composés en vue des côtes de France sur le vaisseau qui l'emmenait en Ecosse en 1561 :

> Adieu, plaisant pays de France,
> O ma Patrie la plus chérie,
> Qui a nourri ma tendre enfance.
> Adieu, France, adieu mes beaux jours.

et ceux qu'elle aurait écrits de sa prison, peu de temps avant son exécution :

Vers la France, ô légers nuages,
Que chasse un vent rapide et frais,
Portez à ses joyeux rivages
Mes vœux, mes soupirs, mes regrets.

Ces vers, diront quelques-uns, sont par trop vieux jeu. Mais qu'importe, s'ils expriment bien l'image sous laquelle le populaire aima à se représenter cette reine infortunée. Et quant à nous, Messieurs, elle a droit à vivre dans nos souvenirs puisqu'elle a été en quelque sorte par sa royauté l'emblème et la personnification de la Société Franco-Ecossaise créée pour répondre à l'idée d'un rapprochement plus intime.

Est-ce à dire que nous ne connaissons de votre histoire que cet épisode dramatique et que nous ignorions les noms des Thomas Reid, des David Hume, des Robertson, des Dugald Stewart, des Adam Smith, des Carlyle, qui tiennent une si grande place dans la philosophie, dans la littérature, dans l'économie politique ? Celui de Robert Burns qui fut un moderne Tyrtée dont l'Ecosse aime à répéter les chants nationaux ? Enfin, faut-il nommer Walter Scott qui a fait les délices de notre enfance ? Aussi ceux d'entre nous qui ont eu le privilège de visiter l'Ecosse se sont-ils trouvés sans effort en pays de connaissance, tant étaient fidèles les peintures du maître châtelain d'Abbotsford.

Et si j'avais un désir à exprimer, ce serait que le jeune Français jaloux de s'initier à votre langue, choisît pour résidence quelqu'un de vos sites enchanteurs au lieu de s'enfermer dans la brumeuse cité de Londres. Il serait assuré d'y être reçu cordialement, Mylord, Ladies and Gentlemen qui m'écoutez. Nous en avons pour garant l'accueil si aimable que vous avez fait à notre délégué M. Ennemond Morel, à la session d'Edimbourg. Depuis lors nous avons contracté envers vous une dette de reconnaissance difficile à acquitter.

Puisse du moins ce rapide passage à Lyon vous avoir convaincus que nous n'oublions ni le passé ni le temps présent. Nous avons été particulièrement sensibles à la visite que votre auguste souverain a faite à la France pour lui témoigner le prix qu'il attache à des relations amicales entre les deux pays. Plus qu'un autre il a travaillé à la propagation de cette entente cordiale. Je ne crois pas m'avancer trop en disant qu'elle lui tient fortement au cœur et qu'il serait heureux de marquer son règne par le triomphe de cette pensée généreuse.

Aussi, Mylord, Mesdames et Messieurs, je vous propose de lever vos verres en l'honneur de sa très gracieuse Majesté Edouard VII.

Lord Glenesk répond ; sa parole a toujours ce tour enjoué et facile qui caractérise son éloquence. « Combien est beau votre pays, nous dit-il, je le connais depuis longtemps, et la première fois que je le vis, enfant, je me crus au paradis. Le peuple y est si accueillant que nous, Ecossais, nous devons regretter que l'Association ne comprenne pas tous les Français, car dans ce cas nous aurions la douce perspective d'être reçus sur tous les points de votre territoire comme nous le sommes à Lyon, et cette perspective nous serait savoureuse. Au nom de tous les Ecossais, je lève mon verre en l'honneur de cet homme éminent qu'est le Président de la République française. »

La musique joue la *Marseillaise*, tout le monde se lève, et les Ecossais poussent en chœur leur cri favori : Hip ! hip ! hourrah !

M. Aynard, député de Lyon, avec un atticisme exquis, célèbre ensuite l'Ecosse, cette patrie universellement aimée et admirée, ce pays de rêve et de poésie. Avec un rare bonheur d'expressions, il souligne les affinités qui rapprochent les Lyonnais et les Ecossais, et parle de l'idéalisme pratique qui caractérise les deux races. « On ne répétera jamais assez, ajoute-t-il, que les Ecossais sont en communion de sentiments avec les Français, et que votre capitale Edimbourg est sœur de Lyon, car l'une et l'autre doivent au même trait distinctif du caractère de leurs habitants leur prospérité et leur importance. Si vous êtes fiers d'Adam Smith, nous le sommes, nous, de Jean-Baptiste Say.

» Il existe donc un lien mystérieux qui unit la France et l'Ecosse, et qui fait que nous nous aimons les uns les autres, en dépit des malentendus passagers. Souhaitons que ce lien, que l'entente cordiale que nous rétablissons, dure à jamais. C'est le vœu que je forme pour ma patrie et pour votre noble Ecosse.»

Suivant l'ordre établi d'avance et inscrit sur le menu, à la mode anglaise, c'est maintenant le tour de M. Baldwin Brown, professeur à l'Université d'Edimbourg.

Je m'excuse, dit-il, d'abord à cause de la difficulté que j'éprouve à répondre, surtout au pied levé et sans préparation, au discours si spirituel et si plein de cœur de M. Aynard. Il y a pourtant un sujet toujours prêt, à la main de quiconque parlera du côté écossais aux réunions de la journée : c'est de remercier, au nom des adhérents écossais, les amis de la Société de Lyon, du bon accueil qu'ils leur ont fait et des « toasts » qui ont été si aimablement dits en leur honneur. Etrangers, depuis le matin nous nous sentions déjà admis à une amitié personnelle, et comme amis ces Messieurs et Mesdames me pardonneront les fautes que je vais commettre en essayant de parler la langue française. On a beaucoup parlé pendant la journée de l'amitié ancienne entre la France et l'Ecosse. Il me semble en effet que le sentiment historique, ou plutôt le souvenir historique, est plus fortement développé chez les races latines que parmi les populations britanniques. Chez ces dernières, ce sentiment existe bien, mais un peu voilé ; il se montre bien toutefois lorsqu'il s'agit de rappeler les beaux souvenirs anciens de l'amitié d'autrefois. Cette amitié du passé, à vrai dire, était un peu une chose de hasard, mais actuellement elle s'est agrandie, elle est devenue une chose raisonnable, une chose fixe, inaltérable, nous l'espérons tous, à jamais.

Quant au sentiment historique, j'espère que nos hôtes me

pardonneront une petite réflexion suscitée par ce que j'ai vu de la ville de Lyon, car Lyon est un témoignage frappant de la permanence, de la stabilité des institutions de la France. Malgré les changements politiques et les changements sociaux, les grandes choses du pays, les choses de l'esprit, surtout les institutions littéraires et artistiques, restent toujours aussi solides que les monuments eux-mêmes de la patrie. Lyon était autrefois le chef-lieu de la Gaule romaine. A ce moment-là, elle disputait à l'autre grande ville classique, plus ancienne encore, la Marseille grecque, l'honneur d'être la seconde ville de la France. Cités déjà très importantes avant l'ère chrétienne, elles sont encore, avec Paris, les plus grandes villes de la France actuelle.

On nous a fait parcourir la ville de Lyon et ses environs, et nous en avons admiré d'abord la belle situation, car nous savons bien en Ecosse les avantages qu'une ville ainsi favorisée par la nature peut en tirer. Une promenade très intéressante nous a fait connaître les vastes ruines de l'aqueduc romain, et personne d'entre nous n'a oublié de pénétrer dans la belle cathédrale et les autres édifices du moyen âge, comme Saint-Martin-d'Ainay. Une visite, malheureusement trop courte, nous a montré, dans le musée des tissus, tout ce que l'art a pu faire de beau, à diverses époques, pour l'ornementation des étoffes — une industrie tout à fait propre à Lyon. En dernier lieu, nous avons donné un coup d'œil aux vastes bâtiments modernes, qu'on peut appeler l'expression monumentale de la grande République française. Mais, à l'Université et aux réunions qui ont été arrangées par l'Université elle-même et par les amis de l'Université, leurs hôtes de la soirée actuelle, nous nous sommes assurés qu'il y avait une République plus grande encore, la République des lettres, de la science, des arts, et de cette République immense, nous sommes tous citoyens et citoyennes.

Pour ne pas être en reste avec nos hôtes écossais, M. Ennemond Morel fait assaut de courtoisie et se sert à son tour de la langue anglaise :

Mylord, Ladies and Gentlemen,

It is my good fortune to propose the health of our guests to night. It is a treat to me as I keep a most vivid and pleasant remembrance of the time when I was a guest myself of the Scotish Branch in Edimburgh six years ago.

You entertained us at the time with such a magnificent programme that it filled our worthy President with terror when I described it to him, for he thought we should never be able to repay you.

At that time — whilst enjoying heartily the lectures, the grand receptions, the visits to places of interest, — I was impressed by the amount of solidity you had imparted to that light structure which characterizes an accidental meeting of a Society like ours and, above all, I felt that, unknown and distant guest as we were, we were received in the true spirit of the association and that Scottish hearts were open to us as well as Scottish homes.

M. Aynard has just dwelt on the common features between Lyons and Edimburgh; the existence of that sort of moral tie has been on my mind long ago and I think that, of all visitors, you shall be more apt to discover that if we disappoint foreigners looking for the light and lively character of a Southern City, a race is raised here, since the time of the Roman acqueducts you visited this afternoon, a race of hard workers, of silent thinkers, and, if not a particularly winning one at first sight a safe one to deal with.

For that reason, we feel a little nearer to Edimburgh than maps do indicate and it does not seem strange to us to have Scottish guests sitting at our table to night; it would rather seem strange not to have them more often.

We are very thankful to the Association for breaking their journey here to day and I now propose most cordially the toast of our Scottish guests.

M. Scott Moncrieff lui répond :

Monsieur Cambefort, Ladies et Gentlemen,

I rise to return thanks for the very kind way in which the toast of your guests from Scotland has been proposed and received, and in doing so I must apologize that I am unable to address you in your own beautiful langue, — although I assure you it would be impossible, even in the best Parisian French, to express the feelings which have been awakened in our hearts by the munificent reception which you have given to us and the kind words which you have spoken to us. I never expected to have had occasion to address an assembly of the present kind in one of the greatest cities of France and standing here before you I am reminded of a similar occasion in Edinburgh same five and thirty years ago when we had a visit from a distinguished Frenchman whose name is doubtless known to some of you, the late M. Prévost-Paradol. That gentleman was entertained to a banquet given in his honour by the Philosophical Institution of Edinburgh of which I happened to be a Director, and I shall never forget the words in which M. Prevost-Paradol returned thanks for his health. He said that proud as he was of his nationality as a citizen of France, there was a still higher nationality to which he desired and aspired to belong, the nationality which embraces the good and the true men of every cult and of every clime, whose creed is the universal brotherhood, whose trinity are the true, the beautiful and the good.

These words, ladies and gentlemen made an indelebile impression upon my mind and I think I may say, of the Scottish members of the Franco-Scottish Society, that, although proud of our country, we also, like your illustrious countryman, desire and aspire to belong to a still higher nationality. It is the main function of our Society to cultivate friendly feelings between all those in France and all those in Scotland who aspire at the true, the beautiful and the good. The time is surely coming when the nations will be bound together by the golden chain of mutual love and respect, and if we by such meetings as the present can help to forge a link in that chain we shall not have lived in vain.

I will conclude by a few lines from our great national poet, Robert Burns, whose prophetic eye foresaw that distant dawn and thus describes it :

> Then let us pray that come it may
> As come it will for a' that
> When sense and worth o'er a' the earth
> May bear the gree and a' that.
> For a' that and a' that,
> It is coming yet, for a' that,
> When man to man the world o'er
> Shall brothers be for a' that.

Enfin M. Gordon clôt la série des toasts en levant son verre en l'honneur des dames de Lyon :

Ladies of Lyons,

A pleasant duty devolves on me. In our country it is always the youngest man present who proposes the toast of the Ladies, and I am pround to do so, and pleased for once to be considered the youngest. It is a great delight to us to be honoured by the presence of so many ladies of Lyons to night, and it is outside my sphere to expatiate on their charms. Scotsmen have always held the ladies of France in high esteem, and the secret, if one looks around, is not far too seek. Scotsmen loved, fought and shielded that great French Lady Jeanne d'Arc, and small wonder! it is said that it was to a Scotsman she entrusted the painting of her sacred banner, and we honour her choice.

Once more in behalf of every Scot present I would thank the ladies of this great city for their gracious presence here to night, and ask my compatriots to give expression to their gratitude in drinking the health of « the Ladies of Lyons », and accord them three ringing cheers.

La soirée se termine dans une atmosphère de chaude sympathie. On cause, on fait des projets d'avenir, et chacun emporte le sentiment qu'un anneau de plus a été ajouté à Lyon à la longue chaîne d'amitié et de bon vouloir qui unit l'Ecosse et la France.

DEUXIÈME JOURNÉE

GRENOBLE

13 septembre.

Le lendemain, 13 septembre, le départ a lieu vers 10 heures. M. Compayré, M. Cambefort, M. Ennemond Morel, M. Coignet, président honoraire de la Société d'Economie politique, M. le doyen Lortet, des professeurs de l'Université, le Président et les délégués de l'Association générale des étudiants, porteurs de drapeaux français et anglais, se trouvent sur le quai.

M. Gordon remercie encore les étudiants et les assure de l'hospitalité qui les attend si jamais ils se rendent aux Universités écossaises. Puis le train s'ébranle, et, moins de 3 heures après il entre en gare de Grenoble. En route, le groupe s'est accru de plusieurs notabilités et notamment de M. Antonin Dubost, sénateur de l'Isère, dont la présence parmi nous souligne si heureusement l'intérêt que toute la population de la région prend à notre meeting.

Sur le quai d'arrivée, les congressistes sont salués par le recteur de l'Université, M. Joubin, les doyens et les professeurs, ainsi que par M. Marcel Reymond.

En sa qualité de président du Comité de patronage des étudiants étrangers, ce dernier prononce quelques paroles de bienvenue, et nous donne rendez-vous pour 3 heures au Palais de l'Université.

Quand nous y arrivons, le grand amphithéâtre est comble ; et c'est devant une nombreuse assemblée d'habitants de Grenoble, d'étudiants étrangers et français, que M. Joubin ouvre la séance.

Mesdames, Mylords, Monsieur le Directeur, Messieurs,

Il y a vingt ans environ, l'antique cité d'Edimbourg célébrait le troisième centenaire de son illustre Université et offrait, à cette occasion, aux plus éminents savants du monde. entier une hospitalité traditionnelle et sans rivale.

« Tes fils, dit votre grand poète Burns, sociables et bienveillants, accueillent l'étranger à bras ouverts. »

Parmi vos hôtes reconnaissants se trouvait celui que la voix des peuples a salué du titre de bienfaiteur de l'humanité : Pasteur ! Interprète glorieux des sentiments de la France, il vous disait : « Depuis des siècles, l'Ecosse a uni ses destinées à celles de l'intelligence humaine. Une des premières parmi les nations, elle a compris que l'esprit mène le monde. Et le monde de l'esprit, en répondant à votre appel, vous rend l'hommage que vous méritez. Partout où se montre dans le monde un foyer de lumière, la France applaudit... »

Permettez, Mylords et Messieurs, à l'un de ses disciples qui garde du maître le plus pieux souvenir, d'abriter derrière cette grande personnalité la sienne, infiniment plus modeste, et de vous offrir en échange de vos applaudissements qui confondaient alors Pasteur et la science française, l'hommage cordial de ses souhaits de bienvenue dans la capitale du Dauphiné !

Je dois à mon heureuse fortune l'honneur de vous adresser le premier la parole, mais je n'ai ni le droit, ni l'intention de parler au nom de la plus française des provinces de la France ; d'autres, plus qualifiés, rempliront mieux que moi un rôle qui leur revient. Laissez-moi vous dire seulement qu'entre l'Ecosse et le Dauphiné il y a comme une parenté physique et morale : justement fière de la beauté de ses aspects, de la majesté de ses montagnes, de la richesse de ses vallées, notre terre est, comme la vôtre, accueillante et hospitalière ; reconnaissante à ses hôtes de l'admiration qu'elle leur inspire, elle en impose d'abord, puis elle séduit, enfin elle retient d'un lien qu'on croirait fragile, mais qui cache sa force sous sa grâce.

Mais si la nature s'est montrée prodigue envers notre province, ses habitants, qui sont aussi des *Highlanders*, ont justifié ses faveurs : le Dauphiné est la terre historique de la liberté. De même que les grands spectacles de la nature élèvent l'âme vers les idées généreuses, de même la lutte journalière contre les difficultés matérielles donne à l'homme une accoutumance de vaillance et de courage ; il s'habitue à vaincre et libère son âme de toutes les servitudes extérieures d'abord, puis intérieures. C'est pourquoi les Dauphinois peuvent s'appliquer les belles paroles de Carlyle, votre Michelet : « Telle est cette déesse qu'on appelle Liberté ! Parfois elle prend la forme d'un odieux reptile ; — elle rampe, elle siffle, elle mord ! Mais malheur à ceux qui, saisis de dégoût, essayeront de l'écraser ! Et heureux les hommes qui, ayant osé la recevoir sous sa forme effrayante et dégradée, seront enfin récompensés par elle au temps de sa beauté et de sa gloire ! »

Enfin la force de la pensée s'unit chez les Dauphinois à la finesse la plus pénétrante ; Condillac et Stendhal, tous deux enfants de Grenoble, feront longtemps encore l'éducation philosophique des générations d'étudiants. Vous saluerez, j'en suis sûr, d'un respect sympathique le foyer d'un philosophe qui fut avec David Hume le fondateur de l'Ecole des *sensations*, en même temps que le berceau du plus merveilleux connaisseur de l'âme humaine, du psychologue qui, le premier, sous des apparences de causeur et d'homme du monde, importait dans l'histoire du cœur les procédés scientifiques et traitait des *sentiments* en naturaliste et en physicien. Il fut, pourrait-on dire, le premier maître de Taine, qui, lui aussi, aimait tant nos montagnes, et lui inspira sa théorie des causes fondamentales : les nationalités, les climats et les tempéraments ; et c'est sans doute à ce maître génial que nous devons ce monument qui s'appelle l'Histoire de la Littérature anglaise. Condillac, Stendhal et Taine sont les anneaux d'une chaîne morale qui nous rattache à vous.

Mylords, Messieurs, je m'attarderais volontiers à feuilleter avec vous l'attachante histoire de la province que vous honorez de votre visite ; j'y trouverais les sujets d'intimes rapprochements entre nous, mais je veux et je dois me renfermer dans mes attributions : leur horizon est moins étendu, en revanche elles me placent sur un terrain qui m'est plus familier.

Nous avons pensé que l'Université de Grenoble avait sa journée marquée dans le programme de votre cordiale visite et c'est en son nom que je dis aujourd'hui : aux nobles Lords, président et fondateur de la Branche Ecossaise, Lord Glenesk et Lord Reay, à l'éminent homme d'Etat qu'un suffrage unanime a placé à la tête de la Branche Française, M. Casimir-Périer, à M. le Directeur de l'enseignement supérieur Bayet, à vous, Mesdames, Mylords et Messieurs, qui venez affirmer une fois de plus en France l'indestructibilité des liens quasi millénaires qui nous unissent : soyez les bienvenus dans ce Palais Universitaire, « cette grande demeure morale, disait Pasteur, dont nous ne sommes tous que les hôtes passagers, mais qui, elle aussi, est assurée de l'immortalité ».

A vrai dire, j'aurais aimé à vous en montrer non seulement l'aspect agréable, mais encore et surtout la vie normale, si active, si féconde et si variée ; les Universitaires éminents que je vois parmi vous se fussent intéressés à nos programmes, à nos cours, en un mot à notre vie scolaire. Je sais que toutes ces questions de pédagogie, si vitales pour les nations, sont en ce moment à l'ordre du jour dans le Royaume-Uni comme en France ; aucun de vous n'a pu oublier les belles conférences que firent tant d'éminents savants lors des meetings de Paris et d'Edimbourg.

Aujourd'hui vous vous trouvez en présence d'une Université dispersée par les vacances et dont la vie même se serait entièrement retirée si, grâce à ses persévérants efforts, au dévouement de ses maîtres, du Président et des membres du Comité de Patronage, elle n'avait su conquérir ce privilège envié de renaître chaque année de ses cendres. Vous me permettrez, Mylords et Messieurs, de rendre à ces personnes dévouées l'hommage qui leur est dû ; votre présence en fera tout le prix.

Le spectacle que nous vous offrons n'est-il pas, en effet, digne de votre attention et de votre sympathie ? Voyez, Mylords et Messieurs, ces bancs garnis d'étudiants ; jeunes filles et jeunes gens, ils sont venus des extrémités de l'Europe nous demander de leur faire connaître notre langue, notre littérature et aussi, peut-être, notre cœur ; il en est même qui n'ont pas hésité à passer l'Atlantique ; vous y pouvez reconnaître aussi des compatriotes ; et, dans quelques semaines, par une innovation qui trouvera sans doute des imitateurs, une jeune femme d'Edimbourg montera dans cette chaire ; sa grâce et son talent feront connaître vos chefs-d'œuvre à notre jeunesse ; c'est dire qu'elle les fera aimer.

Mais avant de nous arriver, vous vous êtes arrêtés, si je ne me trompe, Messieurs, dans une cité voisine : vous y avez admiré une grande Université, riche, dotée de tous les instruments de progrès, armée pour la lutte et la victoire. Nous connaissons sa puissante organisation, sans en être jaloux, car nous avons de quoi consoler notre modestie, j'ose dire que nulle part vous n'auriez rencontré le spectacle, que vous avez sous les yeux, d'une énergique et volontaire vitalité. Il serait assurément exagéré d'appliquer à notre modeste *évolution* l'aphorisme de Taine : « Une *révolution* n'est que la naissance d'un grand sentiment ! » Je me contenterai de dire que nous avons trouvé dans la nécessité de vivre les raisons de notre vie.

Mais si la vanité n'a pris aucune place dans nos sentiments (il est si vain d'être vain !), il nous est permis d'éprouver quelque douceur dans la certitude que nous pouvons soutenir toutes les comparaisons ; quelque émotion aussi dans la vue de tant de jeunes étrangers (près de 600 cette année), pour la plupart étudiants d'Universités étrangères, qui ont éprouvé le désir de se confier à nous ; quelque joie enfin dans la pensée que le choix de la ville de Grenoble pour la tenue de ce meeting est peut-être un hommage rendu au succès de nos efforts, un encouragement à développer l'œuvre de sympathie et de propagande internationale que nous poursuivons avec ardeur. Si tel a bien été votre sentiment, soyez assurés que votre but est atteint et que nous puisons dans votre présence notre meilleure récompense.

Nous ne croyons pas cependant avoir rempli tout notre devoir. Il n'est pas de jour où nos étudiants n'entendent dans cette chaire, sous des formes diverses, la parole de Quinet : « Sois une conscience », parole qui comprend cette autre : « Connais et respecte la conscience d'autrui. » C'est pourquoi notre ardent désir est de créer un mouvement de réciprocité, de les faire aller chez les autres, comme les autres viennent chez nous, en particulier chez vous où nous savons qu'ils seront bien reçus ; nous comptons sur votre aide pour atteindre ce but. L'Association franco-écossaise n'a-t-elle pas pour premier objet de rapprocher les Universités des deux pays en encourageant « le séjour, auprès des unes et des autres, de leurs étudiants respectifs » ? N'est-ce pas là le moyen le plus sûr « de resserrer les liens de sympathie entre la France et l'Ecosse » ?

Dans un récent discours, l'un de vous, l'un des plus illustres de vos anciens présidents, Lord Kelvin, le pur et grand disciple de François Bacon, dont Taine aurait pu dire, comme il l'a dit de Shakespeare, qu'il est doué de « l'imagination complète », le génial physicien (à qui je vous demande la permission d'adresser mon hommage de physicien), Lord Kelvin constatait que « la science est un patrimoine commun : toutes les Universités du monde sont solidaires; leur rivalité ne saurait être qu'amicale ».

Chaque jour nous nous inspirons de ces nobles paroles, bien dignes du grand esprit qui, lui aussi, est un bienfaiteur de l'humanité, qui a aidé, plus que tout autre, à la grande œuvre moderne : la découverte des lois applicables, et dont l'incomparable science fut toujours une source féconde de paix et de progrès. N'est-ce pas ainsi d'ailleurs que doit s'entendre ce beau nom d'Université que nous a rendu récemment la confiance de la démocratie : l'universalité des connaissances par et pour l'universalité des nations ?

Ainsi nous avons conscience d'apporter notre petite pierre aux fondations du monument qu'élève, péniblement, mais sans relâche, pour le bonheur des générations futures, l'humanité civilisée. Hélas ! que de fois déjà le monument n'est sorti de terre que pour être, nouvelle Babel, impitoyablement ruiné ! Que faudrait-il donc pour qu'un jour, oh ! bien lointain, il apparût enfin aux yeux éblouis des incrédules et des déshérités ? Deux choses seulement, mais combien difficiles : la sécurité du lendemain et la coordination des efforts ! Si c'est un rêve, l'humanité conduite par la science vers les régions sereines, ah ! laissez-moi rêver ce rêve ! Qu'est-ce donc que la réalité d'aujourd'hui, sinon le rêve d'hier réalisé ?

Mylords et Messieurs, je voyais jadis Pasteur recherchant les meilleures conditions d'existence d'une simple spore, primitive cellule des êtres organisés, employer plusieurs années, sans autre guide que son impeccable méthode scientifique, à déterminer le milieu le plus conforme à ses besoins, ajoutant un sel, retranchant un acide, modifiant une base : songez au nombre de combinaisons possibles des éléments simples que nous connaissons ! Que de tâtonnements pour trouver la nourriture idéale ! Tantôt l'adjonction d'une trace d'une substance amenait une exubérance de vie ; tantôt la substitution d'un métal à un autre alanguissait l'organisme ; tantôt enfin l'introduction d'un nouvel élément empoisonnait définitivement l'être microscopique. Si l'on songe à la durée de chaque expérience, à leurs répétitions nécessaires, à leurs insuccès pour des causes extérieures souvent inappréciables, n'est-on pas en droit de dire que leur réussite définitive n'exigeait pas moins que l'habileté, mais surtout que la foi de Pasteur dans l'excellence de sa méthode ?

Que sera-ce, Messieurs, si le sujet de l'expérience est l'humanité ? Quelle persévérance, quelle foi il faudra pour résoudre un tel problème ? Ou plutôt n'est-il pas insoluble ? Gardons-nous de le croire. « Je vois les limites de mon esprit, a dit Taine, je ne vois pas celles de l'esprit humain. » Pour un homme de science, un problème bien posé a toujours une solution : seule la méthode lui fait souvent défaut ; c'est à la découvrir qu'il doit s'appliquer tout d'abord.

L'histoire nous apprend que l'humanité, comme la spore, a passé par des phases successives d'épanouissement et d'étiolement. Aux époques d'exubérance vitale, l'art, qui est une sorte de philosophie rendue sensible, et la poésie, la philosophie, puis la science qui pousse quand l'art languit, sont florissants : les peuples ne demandent qu'à contempler de belles choses et souhaitent seulement qu'elles soient le plus belles possible. Citerai-je Athènes, Rome, Alexandrie ? Plus tard, la rayonnante Renaissance italienne après la barbarie du moyen âge, les renaissances française, anglaise, l'admirable floraison philosophique d'Allemagne, la Révolution française ; Bacon, Galilée, Descartes, Pascal, Gœthe, je cite au hasard ? Tous ces grands noms d'hommes ou de villes, d'époques ou de pays, proclament l'existence et l'influence d'un élément subtil, échappant peut-être à notre prise, mais indéniable, évident, un grain de rêve et d'idéal. Et non point dans quelques êtres d'élection, dans une ou quelques cellules privilégiées, mais dans le milieu, dans la masse : car pour qu'une idée se développe il faut qu'elle soit en harmonie avec la civilisation ambiante.

Et de même, le fil qui nous guide dans la complication, en apparence inextricable, des sciences expérimentales, a son origine dans notre conception idéale des sciences de construction. Sans la connaissance de l'ellipse idéale et provisoire de Kepler, la trajectoire bosselée des planètes, qui n'en est qu'une rectification progressive sous l'influence des éléments perturbateurs, serait vraisemblablement encore à découvrir.

C'est ce grain d'idéal que je vous demande, Mylords et Messieurs, de mettre dans un milieu si bien préparé aujourd'hui, semble-t-il, pour le recevoir. Essayons d'obtenir que demain soit sûr et nos efforts convergents.

Point n'est besoin pour cela qu'aucune nation soit sacrifiée ni diminuée : qui oserait prétendre qu'un des flambeaux dont s'éclaire l'humanité jette des lueurs moins vives que les autres dans notre profonde obscurité ? Qui affirmerait avec sincérité que le génie gréco-latin, le génie saxon ou le génie germanique ne sont pas également indispensables pour illuminer notre horizon ? N'est-il pas évident qu'ils sont complémentaires, et que l'ordre et la clarté latine, jointes à la compréhension saxonne et à la puissance d'abstraction germanique forment un tout dont rien ne peut être distrait ?

Joignons-les, au contraire, en un faisceau harmonieux, unissons nos efforts dans une cordiale entente : ou, pour continuer la même image, constituons ce milieu nourricier dont la molécule, formée d'éléments harmoniques ou isomorphes, soit susceptible de cristalliser. Alors nous lui confierons, comme Stendhal dans la mine de sel, le rameau desséché de la fraternité, et nous le retirerons bientôt orné de fines dentelures, transformé en une aigrette étincelante de purs diamants.

Si c'est un rêve, Messieurs, encore une fois pardonnez-le-moi ! D'abord parce qu'il a été dit : « Paix sur la terre aux hommes de bonne volonté ! » Puis ce rêve a été fait par tant d'esprits généreux ! Après Comte, après Fourier et presque dans les mêmes termes, Lamartine l'a chanté : écoutez-le :

> Ce ne sont plus des murs, des degrés, des rivières,
> Qui bornent l'héritage entre l'humanité ;
> Les bornes des esprits sont les seules frontières,
> Le monde en s'éclairant s'élève à l'unité !

Fourier s'était contenté d'affirmer que « la désharmonie des éléments constituants de l'humanité, en l'empêchant de s'élever à l'unité, engendre nécessairement la souffrance » et « qu'il est impossible à un peuple d'arriver seul au bonheur ».

N'est-ce pas enfin un Ecossais au cœur généreux, M. Carnegie, qui, après avoir richement doté vos Universités, vient d'un geste consolant et féerique d'offrir un somptueux asile au premier tribunal international ? L'histoire qui s'écrira dans ce Palais ne méritera-t-elle pas de vivre dans la mémoire des hommes au même titre que celle dont les pages sont trop souvent tachées de sang ? Quel beau livre ce sera pour l'éducation de la jeunesse ! « L'idéal de l'éducation, a dit Kant, c'est qu'on devrait élever les enfants non d'après l'état présent de l'espèce humaine, mais d'après l'idée d'un état meilleur, possible dans l'avenir, c'est à dire d'après l'idée de l'humanité et de sa destinée complète. »

Je me reprocherais de rien ajouter ; et c'est dans ces sentiments, Mesdames, Mylords et Messieurs, qu'au nom de l'Université de Grenoble toujours plus grande, je vous renouvelle du plus profond du cœur mes souhaits de bienvenue.

De chaleureux applaudissements accueillent cette belle péroraison, et ils durent encore quand M. Casimir-Périer se lève et dit :

Mesdames, Mylords, Messieurs,

Je sens aujourd'hui plus vivement que jamais tout le prix de l'honneur que mes collègues m'ont fait en m'appelant à présider la branche française de notre Société.

Paris vous a reçus, Messieurs, dans les murs rajeunis de la vieille Sorbonne et la jeune et brillante Université de Grenoble vient de vous dire avec quelle joie elle vous accueille aujourd'hui. Paris vous a présenté par ses monuments et les souvenirs qu'ils évoquent comme un tableau de toute notre histoire, et le Dauphiné osera vous offrir, à vous, des lacs et des montagnes ; les hommes et la nature vont vous fêter tour à tour. La France vous le doit bien ; vous n'êtes pas de ceux qui ont jamais douté d'elle. Vous le savez : si nous passons parfois un peu vite d'une idée à une autre, notre cœur est beaucoup plus fidèle que notre esprit et ce pays demeure attaché à ceux dont il se sent aimé. Nous sommes sûrs que vous nous aimez et nous vous le rendons. J'admire trop votre race et votre caractère pour oser dire que nous nous ressemblons ;

mais il y a entre nous des affinités d'origine, de langue et de sentiments qui nous ont associés dans l'histoire ; qui subsistent même quand les faits ne les révèlent pas et qui constituent plus que des souvenirs.

Vous êtes fiers de tout votre passé et votre loyalisme est trop sincère pour ne pas se sentir le droit de ne rien renier de vous-mêmes. Lord Reay l'a bien prouvé quand il a noblement parlé au meeting d'Edimbourg des quatre siècles d'alliance entre l'Ecosse et la France. Nous sommes en un temps où les sympathies entre les peuples servent mieux encore la politique et la paix du monde que les formules et le protocole. A une alliance sur parchemin nous avons, vous et nous, substitué la communion des souvenirs et des idées ; nous ne sommes pas ici pour la contrôler, mais pour avoir la joie de la constater et de la célébrer ensemble.

Jules Simon, Lord Reay, M. Gréard, le marquis de Lothian, le comte de Franqueville, Lord Glenesk ont brillamment rappelé les liens qui nous unissent ; je ne veux pas — par coquetterie — tenter de le faire après eux. Mais je souhaiterais que votre venue ne fût pas qu'une satisfaction gracieusement donnée à une élite intellectuelle ; je voudrais essayer de vous faire mieux connaître pour vous faire juger comme vous le méritez, car si notre patriotisme vous écoute avec joie parler de la France, je ne m'en remets pas à votre franche modestie du soin de parler de vous-mêmes.

Vous êtes dans un grand empire, une nation qui a son caractère, son histoire et son rôle. La politique et le temps ont dans la vieille Europe effacé bien des empreintes. Vous n'avez pas permis que rien fût effacé de votre passé. Les esprits se pénètrent à force de se rapprocher et perdent quelque chose de leur originalité propre ; vous avez gardé la vôtre invariablement intacte. Les conquêtes faites dans le domaine de la science, les progrès réalisés dans les moyens de transport en industrie, en agriculture, appartiennent désormais au monde civilisé et tous les peuples qui en profitent se ressemblent par certains côtés.

Vous êtes, dans le plus noble sens du mot, des novateurs et vous avez conservé d'un autre âge ce qu'il avait de meilleur. Que de gens médisent de leur temps et dénigrent le passé parce qu'ils ne comprennent ni l'un ni l'autre ! Vous ne dénigrez ni ce qui est ni ce qui fut ; avec l'esprit libéral et pratique de votre race, vous accommodez vos idées et vos mœurs au mouvement politique et social et, vous jugeant solidaires de ceux dont vous avez recueilli l'héritage, vous pratiquez — pour le transmettre à votre tour — le respect de tout ce qui constitue votre patrimoine national.

Oui, l'Ecosse est une nation fidèle à elle-même. Elle a le culte de ses héros ; elle les associe tous dans ses souvenirs : son patriotisme vénère ceux qui sont morts pour elle l'épée à la main ; sa raison et sa conscience honorent le nom de celui qui a déterminé sa foi religieuse ; elle est aussi sensible aux charmes de l'esprit et aux envolées de l'imagination qu'aux sévères leçons de la raison ; elle se reconnaît tout entière dans ses plus illustres enfants : que de sagesse dans les poésies de Burns et que de poésie dans les romans de Walter Scott ! Et nous le savons, nous Français, que cette généreuse nation qui n'a manqué d'admiration pour aucune gloire, n'a manqué de respect pour aucune infortune. Si le soleil ne scintille pas toujours sur ses lacs, si chaque soir il ne dore pas le sommet de ses montagnes, s'il est un peu plus pâle que celui qui illumine les neiges de Belledonne, ne la croyez pas attristée, ne la croyez pas refroidie par les brumes du Nord ; vous la jugeriez bien mal : elle aime le rire et la gaieté ; nation de gentilshommes, ardente et chevaleresque, elle a la passion de tout ce qui élève et réchauffe le cœur.

Elle n'a qu'un tort : elle est trop loin de nous ; mais son cœur ne la retient pas toujours à la place que lui assigne la géographie ; elle nous l'a bien prouvé : elle nous le prouve encore aujourd'hui. Nous aussi nous voulons combler les distances.

Conspirons ensemble. Nous aurons pour mots d'ordre : progrès et paix. Faisons des conjurés de nos étudiants, les Universités sont déjà nos complices ; ouvrons-nous réciproquement les portes de ces palais de la pensée, ce ne sont pas des temples jaloux de leur dieu, ce sont des foyers où la science fait jaillir les idées pour les donner aussi libéralement que le soleil donne la lumière. Nous ferons revivre ainsi des vieux souvenirs qui nous sont chers ; Paris ne sera plus seul à avoir un collège des Ecossais et, en léguant à nos enfants les sentiments qui nous animent, nous accomplirons ensemble une œuvre digne de nous et de vous ; nous servirons la cause de la paix et de la civilisation.

Au nom des Ecossais, Lord Glenesk remercie les précédents orateurs. Dans un discours improvisé, mais plein de pittoresques saillies et de piquantes anecdotes, « il exprime à nouveau les sentiments de profonde sympathie que lui inspirent les réceptions de Lyon et de Grenoble. Il est confus des éloges que M. Casimir-Périer vient de prodiguer à ses compatriotes, et il regrette qu'un autre plus autorisé que lui ne soit pas là pour répondre comme il conviendrait à une allocution aussi éloquente ». Puis faisant allusion à l'œuvre faite par la France dans ses colonies et surtout à la manière dont elle l'entend, il ajoute : « Les Français font le bonheur des pays qu'ils habitent, car ils comprennent que la colonisation est avant tout une œuvre de civilisation et de relèvement de la race conquise. Une nation qui veut coloniser, doit s'élever au-dessus des mesquineries, des suggestions de l'intérêt privé et se montrer généreuse. »

« Mais je me suis écarté de mon sujet, dit-il en terminant, et j'y reviens pour vous remercier de nous donner l'occasion d'apprécier plus directement l'originalité de votre talent, de votre goût, de tout ce qui fait votre renom dans le monde. En Ecosse, nous avons un caractère différent du vôtre, nous sommes moins expansifs ; mais peut-être à cause même de cela, y a-t-il entre les hommes du Nord et du Midi plus de sympathie. J'ajoute que lors d'une invasion bien lointaine, il est resté chez nous de nombreux Normands, ce dont nous sommes très heureux. Nous saisissons donc avec joie et empressement la main que vous nous tendez avec tant de cordialité et garderons toujours le souvenir de l'accueil que vous nous faites aujourd'hui. »

La séance se termine à 4 h. 1/2.

Le programme comportait une visite à Bouquéron, mais la pluie tombe à seaux, et le cicerone érudit qu'est M. Marcel Reymond, propose de nous montrer à la place les curiosités de la ville. Sous sa conduite, nous allons donc visiter le Palais de Justice, dont la façade, dans la partie non restaurée, a tant de finesse et de pureté. Ce Palais, installé dans les bâtiments de l'ancien Parlement du Dauphiné, est un beau spécimen de l'architecture de la Renaissance. M. Reymond nous en détaille *con amore* les particularités intéressantes, et nous fait admirer, dans la Salle des Etats, des boiseries très ouvragées, qui datent des xvi⁰ et xvii⁰ siècles, et sont dues au ciseau d'un sculpteur allemand. Puis, toujours entraînant, toujours persuasif, il nous emmène sous l'averse à la Crypte de saint Laurent, qui est, dit-il, le plus ancien édifice religieux de la France et date du vi⁰ siècle.

La journée se termine par un banquet. Les convives sont très nombreux, encore plus nombreux qu'à Lyon : ils dépassent 120, et parmi eux beaucoup de professeurs, de conseillers généraux, de conseillers municipaux, des députés, des sénateurs, le vice-consul d'Angleterre, des conseillers de préfecture, le président du Tribunal de commerce.

M. Rivail, avocat à la Cour d'appel et adjoint au maire de Grenoble, en sa qualité de président, nous souhaite la bienvenue en ces termes :

Mesdames, Messieurs,

M. le Maire aurait beaucoup désiré présider lui-même ce banquet. Un deuil récent le retient loin de nous. Il m'a prié tout spécialement de vous présenter ses excuses et ses regrets. Délégué par lui à l'honneur de saluer ici, au nom de la ville de Grenoble, les membres de l'Association franco-écossaise, j'ai l'agréable mission de leur dire combien nous sommes heureux et fiers de les recevoir et de leur exprimer, du fond du cœur, nos remerciements et nos souhaits de bienvenue.

Depuis quelques années, la ville de Grenoble a fait des efforts considérables pour s'agrandir, se transformer, s'embellir, pour justifier de plus en plus le titre qui lui a été décerné de « Reine des Alpes ». Aussi est-ce pour elle comme une récompense de se voir choisie par les Congrès et Associations qui s'y donnent rendez-vous pour rayonner ensuite dans ces régions du Dauphiné et de la Savoie que chaque jour fait découvrir plus séduisantes et plus belles. Jamais encore il ne lui avait été donné de recevoir pareille compagnie. La visite de l'Association franco-écossaise est pour elle un événement : c'est une consécration officielle.

Comme représentant de cette ville de Grenoble, où les sentiments de délicatesse, de courtoisie, et aussi d'indépendance et de liberté ont toujours dominé, de cette cité curieusement placée au centre d'une province accidentée aux vallées tortueuses et profondes, que surplombent les roches abruptes, permettez-moi d'ajouter qu'il nous est particulièrement agréable de recevoir cette consécration de ce vaillant pays d'Ecosse que d'instinct nous aimons, ne serait-ce, en dehors des souvenirs des luttes communes, que parce que lui aussi, le long de ses lacs encaissés, à travers ses rochers escarpés d'où bondissent les torrents impétueux, il a toujours senti passer le vent de Liberté qui vivifie et rend bon, le souffle d'indépendance et de fierté qui fait naître les grandes idées, qui fait éclore les nobles sentiments.

Salut donc aux membres écossais de l'Association. Nous sentons tout le prix qu'il faut attacher à leur visite et nous leur en exprimons notre gratitude. Et ce n'est pas sans une certaine émotion que nous nous inclinons devant leur président, lord Glenesk, devant leur fondateur, lord Reay, qui par leur savoir, leur caractère, les hautes situations occupées, figurent au premier rang parmi les hommes considérables de leur pays et qui sont venus apporter l'influence de leur haute personnalité et de leur grand nom pour resserrer les liens qui doivent unir devant le monde les deux puissantes nations civilisatrices, amies du travail et du progrès.

Heureusement que pour fêter l'Ecosse comme il convient, nous avons l'insigne honneur d'être placé aux côtés de M. le Président de la section française de l'Association, de l'éminent homme d'Etat qui a occupé la première Magistrature républicaine, précédant un autre Dauphinois, et qui, par son passé, par les services rendus, par la dignité de son caractère et de sa vie, est trop au-dessus de l'éloge, même le plus sincère, pour que je puisse me permettre autre chose que de l'assurer de tout notre respect, et, qu'il m'autorise à le dire, de toute notre affectueuse et dévouée sympathie. C'est une joie pour le Dauphiné de posséder pendant quelques heures M. le président Casimir-Périer.

Je tiens également à remercier tous ceux qui, étrangers à l'Association, se sont joints à nous et qui assistent à ce banquet pour contribuer, par leur présence, à lui donner sa véritable signification ; plus spécialement M. le sénateur Antonin Dubost, président du Conseil général, ancien ministre, qui fut le collaborateur de M. Casimir-Périer à la Justice, et pour lequel j'éprouve, il le sait, une affection presque filiale, et aussi, M. Bayet, directeur de l'Enseignement supérieur, qui a bien voulu se joindre à M. le Recteur Joubin pour représenter l'Université et affirmer, une fois de plus, les sentiments d'entente et de solidarité qui unissent la Ville et l'Université de Grenoble, sentiments dont vous avez déjà eu l'impression et dont vous aurez à étudier un des heureux résultats dans cette œuvre du Patronage des Etudiants Etrangers qui vous intéressera à plus d'un titre.

Si, en effet, Grenoble cherche par tous les moyens à bénéficier de sa situation géographique et des beautés pittoresques qui l'environnent, elle est aussi une ville de travail et tient à soutenir son ancienne réputation universitaire, et nous voudrions surtout, — car ce serait peut-être la meilleure façon de vous prouver que votre idée de venir à Grenoble a été bonne, — que non seulement vous emportiez un durable souvenir de nos sites alpestres, mais que vous ayez aussi la sensation très nette que vous avez visité une ville où on a fait un effort considérable dans la voie de l'enseignement international, c'est à dire dans la voie qui doit amener les peuples à se fréquenter, à se connaître, à s'estimer et à s'aimer.

Notre Université s'est mise à la tête de ce mouvement et elle a été admirablement secondée par le Comité de Patronage

qui a préparé votre réception. Je crois faire œuvre juste, en
votre présence, devant vous Messieurs les Membres de l'Association franco-écossaise, qui êtes une haute expression de
la Grande Idée que nous essayons de servir, devant vous,
Messieurs, qui appartenez à l'élite des deux nations que vous
unissez si heureusement dans votre œuvre d'avenir, je crois
juste, dis-je, d'adresser les remerciements de la Municipalité
et de la Ville de Grenoble aux Comités de Patronage des Etudiants Etrangers, et notamment à celui dont M. Marcel
Reymond est l'âme, je veux dire à celui de Grenoble.

Grâce à l'Université, grâce aux Comités de Patronage, des
étudiants étrangers, venus de tous les points du monde, reçoivent ici, dans cette ville où ils sont l'objet de la déférence
générale, où ils sont accueillis avec loyauté et courtoisie, des
leçons de maîtres expérimentés et dévoués, pour emporter ensuite au loin, de l'autre côté des vieilles frontières, avec un
peu de sympathie pour la France, le souvenir d'un beau pays
où dominent les idées généreuses, fortifiées, secondées par un
patriotisme éclairé et bien compris. La population tout entière de Grenoble doit s'associer à cette œuvre. C'est d'ici qu'il
y a plus d'un siècle est parti le cri de Liberté qui a transformé
le monde : notre ville a voulu se mettre au premier rang dans
la voie de l'Enseignement International qui doit conduire à la
Fraternité des Peuples. Une réunion comme celle-ci où, Ecossais et Français fraternisent dans une même pensée d'amour
pour le Bien, pour le progrès de la Civilisation et de l'Humanité, n'en est-elle pas déjà une première et tangible manifes-
tation !

Au nom de la ville de Grenoble, je lève mon verre en l'honneur de nos Hôtes, des hommes éminents qui sont venus nous
voir si aimablement et, pour les mieux honorer, au seuil des
excursions qu'ils vont faire en Dauphiné, j'ai un premier devoir à remplir, je dois porter une santé qui nous unira tous
dans un même sentiment de loyalisme et de cordialité, et envoyer, de ce coin des Alpes françaises, de cette ville où ses
sujets ont toujours été les bienvenus et les bien reçus, un souvenir respectueux au noble et grand Souverain, si sympathique à la France. Messieurs, comme Président de ce banquet,
je vous convie à lever vos verres en l'honneur de Sa Majesté le
roi Edouard VII.

Lord Glenesk remercie M. Rivail d'avoir levé son verre en l'honneur du roi d'Angleterre, et ajoute : « C'est un voyageur comme nous, et il est un Français comme nous ! L'Ecosse et le Dauphiné sont unis par des traditions de liberté et d'indépendance ; les deux pays sont liés par une similitude d'aspect ; ils sont semblables par un même effort de labeur. J'estime donc qu'à titre d'Ecossais, j'ai bien le droit de porter un toast à ce Dauphinois éminent, M. Loubet, président de la République. »

M. Joubin et M. Marcel Reymond parlent ensuite, l'un au nom de l'Université, l'autre au nom du Comité de Patronage des étudiants étrangers de Grenoble.

Au nom de l'Université, dit M. Joubin, malheureusement dispersée par les vacances, mais dont tous les membres ont aujourd'hui la même pensée et s'associent de cœur, je le sais, à mes sentiments et à mes paroles, je vous adresse mes reconnaissants et sincères remerciements pour la précieuse marque d'estime et d'intérêt que vous avez bien voulu lui donner en acceptant de vous rendre à son invitation. Laissez-moi vous dire qu'elle nous a profondément touchés.

Nous sommes trop modestes, Messieurs, — non pas de cette modestie qui va jusqu'à l'effacement, mais de celle qui prend sa source dans la conscience du devoir simplement accompli, — pour croire un seul instant que vous êtes venus pour nous ! La renommée de notre ville, le charme incomparable de nos lacs et de nos montagnes, chantés par Jean-Jacques dans des pages qui font encore vibrer tant de cœurs sensibles à la beauté, et par Lamartine dans des strophes si passionnées qu'on y sent comme une souffrance, — ce charme qui a inspiré la jeune muse de Berlioz, — ont décidé votre choix ; quelle œuvre humaine vaut un rayon de soleil caressant la cime aiguë de la Meidje et faisant éclore cette flore splendide, merveilleuses roses des Alpes, ces « vermeillettes roses », comme disait le charmant du Bellay ?

Mais il n'en est pas moins vrai que l'Université ayant eu l'heureuse fortune de naître dans ce cadre privilégié, peut-être avez-vous pensé avec Taine que le milieu avait dû réagir sur ses destinées ; que sais-je ? enseignait à notre Montaigne votre compatriote George Buchanan, et nous bénéficions de ce doute.

On dit que les voyages fortifient le jugement ; permettez-moi de penser qu'aujourd'hui ce n'est pas celui du voyageur — car c'est notre jeune Université qui puisera dans votre visite un puissant réconfort et la confiance dans son propre jugement.

Car vous nous apportez la certitude que de l'autre côté de la Manche, au pied des monts Grampians qui sont vos Alpes, vos illustres Universités d'Edimbourg, de Glasgow, de St-André, d'Aberdeen, démocratiques comme les nôtres, parce que l'Ecosse et la France sont les deux nations les plus libres de la vieille Europe, poursuivent le même but : échanger, par notre jeunesse, et notre âme et notre cœur !

Et c'est pourquoi nos hommages vont tout droit à ces corps éminents, nos aînés dans la vie intellectuelle, qui ont compté et comptent encore les plus illustres savants, les Brewster, les Maxwell, les Kelvin, les Lister, et tant d'autres qui ont fait de l'Ecosse un des foyers les plus brillants et les plus brûlants de la pensée humaine !

Et c'est pourquoi aussi nous désirons tant vous envoyer nos étudiants en échange des vôtres, et que nous leur disons : Passez les frontières, vivez de la vie d'autrui, c'est le moyen de vous connaître vous-mêmes !

Souffrez donc qu'après vous avoir remerciés de nouveau, Mylords, Lord Glenesk, Lord Reay, Monsieur le président Casimir-Périer, Monsieur le directeur Bayet, et vous tous, Mesdames et Messieurs, je lève mon verre au nom de l'Université de Grenoble, à nos illustres sœurs les Universités d'Ecosse, et à leurs membres éminents.

Mylords, Mesdames, Messieurs, dit à son tour M. Marcel Reymond,

S'il est aujourd'hui quelqu'un qui porte un toast avec une réelle émotion, c'est bien le Président du Comité de Patronage des Etudiants étrangers de l'Université de Grenoble.

Votre présence parmi nous est, en effet, non seulement le témoignage de l'importance de nos efforts dans le passé, mais elle est aussi le gage assuré de nouveaux succès dans l'avenir.

Vous qui vivez au milieu de la belle nature d'Ecosse, au

milieu de vos prairies toujours vertes, de vos forêts à l'ombre légère, de vos montagnes couvertes de fleurs, de vos grands lacs aux eaux transparentes, au milieu de ces merveilles dont le charme a inspiré tant d'admirables vers à vos poètes, vous penserez peut-être que notre Dauphiné ressemble un peu à votre patrie, et lorsque vous enverrez vos amis parmi nous, vous aurez le sentiment qu'ils ne s'éloignent pas trop de l'Ecosse.

Les journées que nous allons vivre ensemble marqueront une date dans l'histoire de notre Ville et de notre Université, et feront de cette Ecosse, la vieille amie de la France, une nouvelle et jeune amie du Dauphiné.

Messieurs, au nom de tous nos amis, du fond du cœur, je porte un toast à l'Association franco-écossaise et à l'union de plus en plus intime de l'Université de Grenoble avec les Universités d'Ecosse.

Puis M. Bayet salue au nom du Ministre de l'Instruction publique l'œuvre si patriotique et si pratique qu'a faite l'Université de Grenoble, et remercie le Conseil général et la municipalité de leur précieux concours. Il fait un vif éloge de l'enseignement électro-technique créé par la Faculté des sciences, mais recommande aux jeunes ingénieurs de respecter un peu les paysages et de joindre l'agréable à l'utile. Il termine en rappelant la belle devise inscrite sur les armoiries de l'Université delphinale : « Veritas liberabit », et boit aux deux manifestations d'activité les plus évidentes de l'Université : à l'Institut électro-technique et à l'œuvre des Comités de patronage des étudiants étrangers, ainsi qu'à toutes les associations d'enseignement qui guident l'humanité vers le Vrai, le Bien et le Beau.

Dans un français très pur et d'une très haute inspiration morale, lord Reay parle alors de la démocratie

et du rôle des Universités dans l'éducation populaire.
On l'écoute avec un vif intérêt, les Français surtout,
qui goûtent le plaisir, trop rare hélas ! chez eux,
d'entendre une parole laïque qui ne s'effare pas du
nom de Dieu.

Monsieur le Maire, Mesdames, Messieurs,

Nous sommes très touchés de la réception si cordiale que les
autorités de Grenoble ont préparée pour rendre notre séjour
dans cette belle ville aussi utile qu'agréable. Nous savons que
des relations commerciales existent entre le Dauphiné et
le Royaume-Uni. Ce que nous recherchons, c'est d'entrer avec
vous en relations intellectuelles d'un ordre plus élevé. Votre
Université et nos Universités poursuivent le même but. Il
s'agit de former l'esprit et le caractère des jeunes générations,
de dompter le chauvinisme, de maintenir ce qu'il y a de meilleur dans nos traditions nationales, afin d'établir sur des bases
solides et historiques l'avenir qu'on ne peut détacher du passé
qui a bien des leçons à nous donner. En démocratie comme en
tout autre régime, il faut accepter la supériorité d'esprit, qui
est un don de Dieu, qui s'impose comme un bienfait. Les savants se rendent compte des limites de leur savoir, il faut apprendre au suffrage universel les limites de son ignorance, de
peur qu'il ne soit pris dans les pièges dont il ne se doute guère.
C'est aux Universités qu'il appartient d'inspirer la méfiance
des charlatans qui se croient appelés à faire une propagande
de sophismes en faisant appel aux passions des populations.
C'est aux Universités à entreprendre la tâche difficile de répandre la conviction de la complexité des problèmes que la
société moderne doit résoudre. Les Universités forment l'état-
major d'une armée qui se répand dans le pays pour y faire
jaillir la lumière et pour lutter contre le flot envahissant des
préjugés populaires qui, souvent, sont le résultat d'instincts
généreux, mais qui ne peuvent être dispensés d'un examen sérieux. Les Universités doivent donner une direction au scepti-
cisme de nos jours, afin qu'il ne dégénère pas en cynisme. Pour
rester dans le vrai, les Universités doivent sauvegarder la
liberté et faire respecter les opinions qu'elles ne partagent pas.
L'esprit scientifique n'admet pas l'intolérance, parce que la
science ne peut se développer que dans un milieu tolérant. Vos

Universités et les nôtres poursuivent un idéal : celui de donner à la patrie une jeunesse vigoureuse et ardente, se dévouant à l'amélioration des conditions dont elle a hérité par le travail, car notre plus grand honneur est d'appartenir à la classe ouvrière et de produire une part des capitaux — la part intellectuelle — qui forment la richesse de nos deux pays.

Je vous propose de porter un toast au président de la branche française de notre Association, à l'homme d'Etat si distingué dont la coopération nous donne un gage précieux pour le succès de nos efforts, pour le maintien de ces relations amicales qui, malgré les malentendus, n'ont jamais cessé de trouver un écho dans vos montagnes et dans les nôtres.

Puis le président du banquet donne la parole au secrétaire général de la branche française.

M. Paul Mellon lit d'abord les lettres d'excuses et de regrets de M. Georges Picot, secrétaire perpétuel de l'Académie des sciences morales et politiques, de M. Bréal qui souhaite à tous les congressistes beau temps, belle humeur et un heureux retour, et continue en ces termes :

Cela m'est un très grand honneur que de vous souhaiter, en ma qualité de secrétaire général de notre branche française, la bienvenue dans une de nos provinces les plus intéressantes et dans cette belle ville de Grenoble.

J'aurais voulu que nous pussions vous y recevoir plus tôt, et il y a longtemps que vous auriez été nos hôtes, si nous n'avions eu qu'à suivre les suggestions de notre cœur. Mais cela n'a pas été possible, vous en savez les raisons, et je pense que personne ne regrettera plus aujourd'hui le délai que nous avons mis à convoquer le troisième meeting. Puis, il faut bien le dire, nous étions préoccupés de trouver quelque chose digne de vous, digne de la réception vraiment royale que vous nous avez faite, dans l'Athènes du Nord, dans votre belle et pittoresque cité d'Edimbourg. La spontanéité avec laquelle M. le Recteur et le Conseil général de l'Université de Grenoble ont accueilli nos premières ouvertures, nous ayant tout à fait rassurés à cet égard, nous n'avons plus eu la moindre hésitation, et c'est avec confiance dans le succès de notre réunion, que nous vous avons demandé de venir sceller dans un troisième meeting le pacte d'amitié que nous avions ébauché déjà dans les deux premiers.

Certes, nous n'avons pas la prétention de mettre en parallèle Grenoble et Edimbourg.

Nous n'avons ici à vous offrir ni les ruines solennelles du palais de Holyrood, ni le Hall grandiose du vieux château, ni cette espèce de voie sacrée que l'on ne foule qu'avec respect, et dont les pierres évocatrices d'un passé qui intéresse nos deux pays racontent votre histoire. Mais à défaut de ces choses grandes par le souvenir qu'elles ont laissé dans votre mémoire et dans la nôtre, nous avons ici le cadre merveilleux des Alpes gigantesques, le spectacle d'une nature dont la grandeur colossale écrase ou élève tour à tour la faiblesse humaine, et je vous sais trop épris de beauté et trop disposés à la bienveillance, pour ne pas être sûr que vous emporterez, même si vous trouvez quelques lacunes dans l'organisation matérielle, pour ne pas être sûr, dis-je, que vous emporterez un excellent souvenir de notre Dauphiné, de ses belles montagnes, de ses vaillantes populations, et de ceux enfin qui, avec tant de zèle et de dévouement, se sont consacrés depuis plusieurs semaines à l'organisation du meeting. Je ne les nommerai pas, car la liste serait trop longue et contiendrait, ma foi, tout ce qui a un nom et une situation ici et en Savoie. Comment cependant pourrais-je taire, au risque de blesser sa modestie, le nom du président du Comité de patronage, de M. Marcel Reymond, dont l'infatigable activité a triomphé de toutes les difficultés?

Les étrangers s'imaginent trop souvent que Paris c'est la France, c'est toute la France. Il n'y a pas d'erreur plus complète. Vous vous en êtes déjà aperçus, hier, en visitant Lyon, ce grand centre scientifique et industriel.

Vous vous apercevrez cette semaine dans ce coin du Dauphiné que vous allez parcourir. Vous êtes ici, en effet, dans une province qui a son cachet, son histoire, son caractère propres et qui pourtant a fourni à notre épopée nationale quelques-unes de ses dates les plus fameuses. Les Dauphinois comme vos fiers ancêtres ont toujours eu le culte de la liberté, et quand vous visiterez le parc de Vizille, vous foulerez un sol qui est cher à quiconque se réclame des idées de progrès et de vrai libéralisme. On a si souvent parlé de l'influence réciproque que nos deux pays ont exercée l'un sur l'autre que tout a été dit. Parmi toutes les formes que cette influence a prises, il en est une cependant qu'il me semble naturel de rappeler ici, puisque nous sommes dans un pays voisin de la patrie de Valdo, que je parle à des Ecossais et puisque enfin toutes ces régions montagneuses ont pris part à ce mouvement d'idées qui chez vous devait trouver son expression la plus haute dans l'énergique figure d'un Knox. Je ne vous dirai pas que comme Français, je n'éprouve quelque regret d'un événement qui a produit une coupure entre nos deux histoires ; tout de même je suis fier de penser que le principe de vie nouvelle que le grand tribun religieux vous a inoculé est d'origine française.

Vous voyez donc, Mesdames et Messieurs, que Grenoble et toute cette région alpestre avaient bien des titres à votre visite, et qu'en les choisissant comme siège de notre réunion, nous n'avons fait que deviner vos désirs et nous y conformer. Que nous disiez-vous, en effet, il y a huit ans : « que le nom de la France est cher à tous les Ecossais, qu'ils conservent pieusement le souvenir de la part que nous avons prise dans leur développement historique et dans leur langue les mots que nous avons laissés en passant », et vous ajoutiez : « Malheureusement, nous ne vous connaissons pas bien. Nous ne vous voyons que de très loin et à travers des verres qui vous déforment. Nous voulons vous connaître et nouer avec vous des liens universitaires, afin que vos étudiants et les nôtres soient les artisans d'une nouvelle *old league* basée sur des sentiments d'estime et de confraternité réciproques. » Et c'est ainsi qu'est née notre Association franco-écossaise.

Vous nous avez fait l'honneur de venir nous voir les premiers et nous avons eu alors le privilège de vous faire entendre, sous les voûtes de la Sorbonne, un grand orateur, M. Jules Simon, qui vous a dit ce qu'était la vraie femme française. Aujourd'hui c'est la vie française en province dans toute sa variété et dans toute sa richesse que nous vous montrons. Quand vous reviendrez encore, nous vous conduirons ailleurs, et vous constaterez alors, j'en suis certain, que le peuple de France ressemble peu à la caricature que certains publicistes étrangers se plaisent à en tracer.

Mais en attendant que nous répondions ainsi au vœu que vous nous avez exprimé jadis, je vous demande la permission

4

de vous remercier do tout ce que vous avez déjà fait en Ecosse, pour faire aimer et estimer notre pays.

Si la cause de la langue et de la littérature française est aujourd'hui en partie gagnée devant l'opinion écossaise, c'est à vous que nous le devons. Aussi est-ce d'un cœur rempli de reconnaissance, que je vous prie, au nom de tous les membres de la branche française, de tous nos Comités de patronage, de la jeunesse universitaire, de vouloir bien agréer nos plus sincères et plus vifs remerciements.

Messieurs, je lève mon verre et vous invite à en faire autant, en l'honneur de lord Glenesk, de lord Reay et de M. Gordon; je bois aussi aux dames écossaises, ces merveilleuses propagatrices de notre langue, qui par leur présence ici en si grand nombre nous témoignent leurs sympathies et nous assurent d'un concours qui, à lui seul, suffirait déjà pour nous donner la victoire.

Avec l'autorité que lui donnent sa haute situation dans le Parlement et sa qualité de sénateur de l'Isère, M. Antonin Dubost parle à son tour des merveilles que la science crée journellement dans le Dauphiné, en appliquant à des fins industrielles les énergies naturelles des torrents et des glaciers. Il rappelle ce que la Grande-Bretagne doit au génie pratique des Ecossais et boit à une union qui se trouve préparée par l'histoire et confirmée par les faits de la vie moderne.

Enfin, au milieu d'applaudissements nourris et d'acclamations répétées, M. Casimir-Périer se lève et dit en anglais ses regrets d'être rappelé d'urgence à Paris :

My Lords and Gentlemen,

You so kindly spoke our native tongue that, to show you my gratitude, I must try and express myself in yours.

If the fear of making a mistake in french troubled you at all, you will be amply consoled by hearing the mistakes that I make in english; and I am sure that these little reciprocal excuses will be another bond of union between us.

These two days have passed only too quickly; no one can regret it more than I do, as I am obliged to leave you much sooner than I could have wished. I thank you heartily for having so quickly and so largely added to the harvest of my souvenirs.

Your noble simplicity, your cordial benevolence have conquered France from Calais to Grenoble; you have triumphed in the plains as well as in the mountains and even Marseilles would not be able to resist you. To accomplish this feat, you came without arms, but you did not all come alone, and in order to secure your peaceful victory you were accompanied by those who are the ornaments and the charms of your homes. I raise my glass to drink to their honour.

We welcome in you, my Lords and Gentlemen, the creators of commerce and of a good understanding between two great nations.

I cannot better express to your proud loyalty the feelings which animate me, than in drinking to the health of his Majesty, the King of great Britain and Ireland.

Before sitting down I wish to thank once more Lord Glenesk. As a colleague and as a friend, I am very grateful to him for all that he has done for our Society, and as a citizen I am very grateful to him for all that he has said of France and for all that he has done for her.

I drink to the health of Lord Glenesk,

And if you allow one to change one word in Burns' verses, let me say :

> O Scotia, my dear, your native soil
> For whom my warmest wish to heaven is sent
> Long may thy hardy sons of rustic toil
> Be blest with health and peace and sweet content.

TROISIÈME JOURNÉE

CHATEAU DE VIZILLE

14 septembre.

Le programme comprend une excursion à Laffrey et à Vizille.

Malheureusement, le soleil continue à nous fausser compagnie et nous n'apercevons rien de l'admirable ceinture de glaciers qui entourent la vallée de l'Isère. Pourtant, comme les nuages ne sont point descendus dans les bas-fonds, mais planent à flanc de montagne, nous pouvons nous rendre compte des audaces du chemin de la Mure en plongeant nos regards dans les abîmes qui se creusent sous nos pieds, à mesure que nous nous élevons.

Le spectacle est grandiose et change d'aspect à chaque tournant de la voie. Dans les gorges du Drac, quand le train roule sur des ponts lancés dans le vide, à plusieurs centaines de mètres d'altitude, on est comme pris de vertige.

L'ingénieur du département, qui nous accompagne, nous explique qu'il a fallu attaquer la roche à coups de canon pour accrocher à ses aspérités les assises des travaux d'art. La ligne monte ainsi en lacets jusqu'à une hauteur de 1.000 mètres, puis pénètre dans un pli de la montagne. C'est là qu'est la Mure, avec son riche bassin d'anthracite. Du wagon, nous voyons le gros bourg, qui s'étale sous la poussée d'une prospérité croissante, et se développe chaque jour davantage; enfin nous arrivons à Notre-Dame de Vaulx.

Toute la population est sur pied. Elle croit M. Casimir-Périer parmi nous et elle a mis ses habits de fête. Désillusionnée, elle nous regarde passer avec indifférence, tandis que les cars alpins nous transportent jusqu'au pied de la colline des Crets. Là, notre troupe se divise. Le plus grand nombre pousse jusqu'à la crête pour jouir du panorama des quatre lacs de Laffrey et des montagnes du Dévoluy, de l'Oisans et de la Chartreuse, d'autres, intimidés par l'aspect des chemins détrempés et fangeux, vont attendre à Laffrey le gros de la colonne.

Laffrey, Laffrey, nom jadis fameux dans l'épopée napoléonienne et aujourd'hui presque oublié des générations qui viennent à la vie !

La pierre pourtant qui rappelle les paroles que Napoléon adressa aux troupes envoyées contre lui : « Eh ! quoi, mes amis, vous ne me reconnaissez pas : je suis votre empereur ; s'il est parmi vous un soldat qui veuille tuer son général, il le peut, me voilà, » se dresse toujours sur le bord de la route; mais l'histoire a marché, les peuples ont d'autres aspirations, ils courent à d'autres destinées et ont brisé leur idole ; seul le philosophe s'arrête encore devant ce vestige d'une époque devenue déjà si lointaine, et songe à la fragilité de la gloire et à la vanité des ambitions humaines.

Une heure après nous sommes à Vizille, à la porte du château à jamais célèbre par les souvenirs qu'il

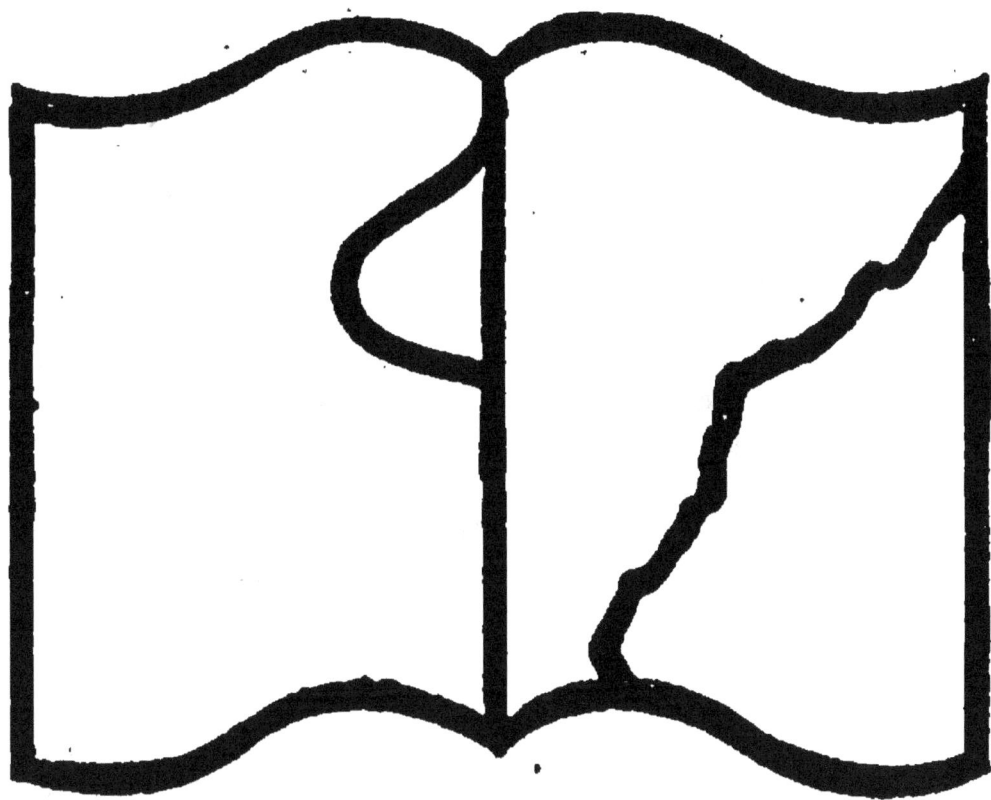

évoque. Bâti par le connétable de Lesdiguières, c'est un beau spécimen de l'architecture de l'époque.

Tout y est imposant et grandiose, le décor et l'histoire ; fier et noble, le monument se dresse de toute la hauteur de sa masse de granit, au milieu d'un parc immense où coule la Romanche et dont les Alpes semblent faire partie.

Mais pourquoi faut-il que le berceau de la liberté française ne soit plus maintenant qu'un caravansérail international destiné à abriter des tables de trente et quarante et des amours interlopes ? Il eût été si facile pourtant à l'Etat ou au département de conserver à la France, dans toute la majesté de ses souvenirs historiques et pur de tout alliage, ce témoin d'un âge héroïque. Quel beau musée on aurait pu y créer, en recueillant, en groupant tous les documents propres à illustrer les événements de 1788 et de 1789 ! La Révolution était alors à son aurore ; aucun acte de violence n'en avait encore terni l'éclat, et le château de Vizille, devenu propriété nationale, aurait été comme une leçon de choses pour tous ceux qui croient en la justice et en la liberté.

Nous montons cependant par le magnifique perron qui, par une double volée de marches, s'élève jusqu'au premier étage, et nous pénétrons dans une vaste salle où un banquet nous est offert par les Directeurs de la Société fermière.

Après les toasts d'usage au roi d'Angleterre et au Président de la République, M. Peyron, conseiller général du canton de Vizille, prend la parole pour exprimer aux membres de l'Association ses souhaits de cordiale bienvenue, et pour adresser au nom de la population qu'il représente, un souvenir à M. Casimir-Périer que des affaires urgentes ont rappelé à Paris le matin même.

Lord Reay le remercie au nom des Ecossais et continue en ces termes :

Monsieur le Comte, Mesdames, Messieurs,

Ce magnifique château est une des gloires de la France. Les souvenirs qui se rattachent à l'histoire de la Révolution ont pour les historiens un attrait toujours croissant. Si on avait écouté la voix de ceux qui, à Vizille, réclamaient leurs dr٠ les événements auraient pris une orientation différe٠ ٠ité, choc aurait été moins brusque.

L'ancien régime se serait transformé sans ٠ reconnaissants que ce merveilleux mon٠ violence. Soyons échappé aux iconoclastes de ces temp٠ ٠ment historique ait préservation des monuments hist٠ ٠ et soit resté debout. La le gouvernement d'aucun pav٠ ٠riques est un devoir auquel ment un élément précieu٠ ٠ ne peut se soustraire. Ils for٠ enseignement dont l'h٠ ٠ de l'éducation. Ils constituent un

L'histoire aspir٠ ٠storien ne peut se passer. qui ont gouv٠ ٠ à être une science et à nous donner les lois losophie d٠ ٠rné l'évolution d'une époque à l'autre. La phi٠ sition٠ ٠ l'histoire approfondit l'enchevêtrement des tran٠ ٠ qui ne préoccupe pas les chroniqueurs.

M. Taine nous a donné des volumes, certes, d'un grand mérite littéraire, mais il était philosophe aussi bien que littérateur, et cette combinaison le porte au premier rang des historiens. Vous êtes plus sévères que nous et on a dit avec raison : « La langue française est puritaine, on fait peu de conditions avec elle. » Shakespeare et Carlyle ont « fait des conditions » avec notre langue que vous n'auriez pas tolérées. Il est vrai qu'« on est libre de ne pas l'écrire, mais dès qu'on entreprend cette tâche difficile, il faut passer les mains liées sous les fourches caudines du dictionnaire autorisé et de la grammaire que l'usage a consacrées ». Nous n'avons pas de dictionnaire autorisé et ce n'est que récemment que nous avons fondé une Académie britannique qui, certes, n'a pas la prétention de « lier les mains » des auteurs. Je crois que, pour nous, il y a de l'utilité à subir l'influence de votre puritanisme en littérature et à observer plus scrupuleusement les rigueurs

de notre grammaire. Les lecteurs et leurs auditeurs se féli-
citeront du frein qu'impose cette discipline.

L'étude de l'histoire de nos deux pays est pour notre Association une des raisons de son existence et vous me permettrez
de porter un toast à vos historiens français qui jouissent d'une
si grande réputation.

Après Lord Reay, M. Alfred Croiset, l'éminent doyen
de la Faculté des lettres de Paris, dans cette langue
si finement, si admirablement nuancée, où chaque
mot est à la fois une musique et une pensée, demande
à associer l'Université de Paris et son Comité de
patronage des étudiants étrangers aux éloges que
méritent à tant de titres l'Université et le Comité de
Grenoble, et à rappeler le point initial d'où est parti le
mouvement dont il est aujourd'hui le témoin heureux
et satisfait.

Toujours éloquent, toujours disert, le directeur de
l'enseignement supérieur improvise un charmant discours à l'adresse de la jeunesse des Ecoles. Quittant
pour une fois les hauts sommets qui lui sont familiers,
il décrit la route parcourue le matin même, et parle
d'un petit béret rouge coquettement posé sur un front
charmant, lequel béret, toujours courant en éclaireur
ou en entraîneur, en avant de la caravane, symbolise
cette idée qu'il est bon d'avoir la jeunesse pour guide,
sur la route du progrès, quand on n'a plus pour soi
que l'expérience.

M. Hay Forbes parle ensuite au nom de ses compatriotes.

Monsieur le Président, Mylords,
Mesdames et Messieurs,

Comptant sur votre indulgence, ce n'est pas sans une certaine appréhension et une vive émotion que je prends la parole dans cette demeure, à jamais illustrée, car ici a vécu Lesdiguières, l'éminent capitaine de Henri IV et de Louis XIII, et ici a vu naître les Casimir-Périer, dont j'ai l'honneur de saluer le digne descendant, ancien Président de la République française.

Rien qu'à voir le site, dans ce cadre verdoyant et austère, en même temps que l'architecture forte de ce château, on sent que cette demeure ne pouvait servir d'abri qu'à des actes généreux, dont l'humanité sera éternellement reconnaissante à la France. Car n'est-ce pas sous ce toit que le vingt-et-un juillet 1788, les municipalités dauphinoises se réunirent et préludèrent à la Révolution française en réclamant la convocation des Etats généraux ? Et moi, humble citoyen de l'Ecosse, je transmettrai à mes enfants le souvenir de l'émotion profonde et de reconnaissance que me cause l'honneur de prononcer ces quelques paroles dans cette demeure où en ont résonné tant d'autres, si importantes pour l'histoire de l'humanité.

Mesdames et Messieurs, un poète français a écrit ce vers plein de noble patriotisme si cher à un Ecossais, soit-il « Highlander », soit-il « Lowlander » :

> Je tiens à toi par l'espérance,
> Plus encor par les souvenirs,
> Témoin des jeux de mon enfance
> Je t'ai dû mes premiers plaisirs.
> . . . .
>
> Je rêverai à tes campagnes
> Se parant de fleurs et de fruits,
> A ton beau sol, à tes montagnes !
> O ma patrie, ô mon pays !

Je lève mon verre au succès de la branche française de l'Association franco-écossaise.

Puis M. Léon Morel, de l'Université de Paris, s'élève d'un coup d'aile au-dessus des banalités d'u-

sage et charme en un anglais très pur ses auditeurs
écossais par l'élégante finesse de ses éloges.

My Lords, Ladies, Gentlemen,

When our eminent and much respected President told me,
yesterday, that he wished me to-day to propose the health of
our visitors and friends, I felt all the honour, and I felt all
the peril of the trust thus reposed upon me. I could not forget
that ominous warning given two days ago to one of our
intended speakers, that every kind thing had already been
said, and it was useless to try and attempt new compliments
to our Scotch visitors. I will not however be deterred by the
advice so kindly given, and I beg to assure our respected
companion and friend that the praise of Scotland and her sons
is not a theme so soon to be exhausted as she seemed to fear.

But still, knowing that there was a good deal more to be
said I was looking for the thing I should say, when a happy
thought struck me. I remembered that, at Grenoble itself, a
great many years ago, so many that I don't somehow like to
say the number, I had been requested to make a speech. I had
chosen an immense subject about which I knew very little
— it was simply Poets and Mountains — and, with the fine
audacity of youth I had launched into a glowing oration with
which — I was then very much pleased, I dare say, though I
now rather think of it with some tingling sense of confusion.

However all was not bad in that youthful address: for at
that early time, long before the foundation of the Franco-
Scottish Association, I had been led by my subject to express
an enthusiastic admiration for the genius of Scotland. May
I be allowed to say how that came about ?

It is an obvious remark, though it sometimes sounds rather
startling to some people, that a perception of and a feeling for
the beauties of mountain scenery are quite a recent acquisi-
tion of the human mind. In antiquity, even the gifted sons of
Hellas used to consider those grand aspects of nature with
sentiments of awe, of dread and horror, not of admiration.
I am not going to talk at any length of the Greeks in the presence of Mr. Alfred Croiset ; but I think my statement is not
exposed to any gainsaying. The men of the Middle-Ages — (I
am not going to expatiate on the subject in the presence of

Mr. Paul Meyer — well, we all know that they felt no strong enthusiasm for the aspects of the outer world ; they certainly did not discover the mountains. Even the men of the Renaissance, who gazed at nature with such charmed and wondering eyes, failed to notice the wonderful splendours with which we have this morning been so prodigally feasted. Shakespeare himself, « thousand-souled Shakespeare », does not seem to have cared for the mountains — perhaps because he never saw any — which has been, if we are to believe Ruskin, happy dispensation of Providence.

It is not, of course, from the poets of the classical schools that we can expect a revelation of unknown beauties in the material world — They held that the proper study of man is... not the mountains. Amusing quotations could be given of the feelings which the Alps inspired into the minds of those among them who happened to see them, on their way to Italy.

In fact it is only in the course of the eighteenth century that the eyes of men seem to open to the esthetic capabilities of those grand and terrible scenes, and the first note we find sounded in *the Seasons* of the old Scotch poet James Thomson. His descriptions, in *Winter*, of the mountains, of their life, of the winds, the streams and the tempests which are born there, and thence descend upon the plain, all these masterly strokes of the brush give us a reproduction, very simple, very straightforward, but also very incomplete of mountain scenery. — Another writer was to depict, more than half a century later, the strange fascination, the picturesque beauty, the glamour and witchery of the mountains — he was again a Scotchman, your great Walter Scott. And when, a little later, a poet of genius fixed in his verses splendid pictures of the high Alps, descriptions as thorough and adequate as may well be expected from the human genius struggling with those immense and measureless grandeurs, that poet, the author of *Childe-Harold* and of *Manfred*, George Gordon Byron, was at least half a Scotchman.

So that, resuming the conclusions I had then been led to, — acknowledging a deep debt of admiration and gratitude to Scotland and to the genius of her sons, I raise my glass to our visitors and dear friends, coupling with the toast the glory of old Scotland in one of its highest, purest and most precious manifestations — to the land of mountains and of songs.

A son tour, l'éminent doyen de la Faculté de droit de Grenoble, M. Fournier, s'inspire de l'union féconde qui s'est réalisée dans ce château historique pour exprimer le vœu que la journée d'aujourd'hui consacrera l'union définitive des jeunesses d'Ecosse et de France au moyen et par les Universités.

A quatre heures, on se réunit à nouveau dans le grand salon pour la conférence dont M. Beylié a bien voulu se charger.

Avec beaucoup de science, le savant président du tribunal de commerce nous fait l'historique des événements qui se sont passés à Grenoble en 1788, et malgré les fatigues d'une longue journée d'excursions et les fumées capiteuses d'un banquet succulent, c'est avec l'attention la plus soutenue que toute l'assistance écoute le brillant conférencier. Traçant d'une main ferme la figure de Barnave, de Mounier, de ces membres du Parlement dauphinois qui exercèrent par leur fermeté, leur énergie, leurs idées d'émancipation, une telle influence sur les destinées de la France, il évoque le souvenir de cette fameuse réunion du 21 juillet 1788 qui, suivant le mot d'Henri Martin, permit de voir pour la première fois la souveraineté nationale en action dans ce château où, après avoir fabriqué des tissus au temps de Claude Périer, on se mit à fabriquer de la liberté.

QUATRIÈME ET CINQUIÈME JOURNÉES

LE BOURG-D'OISANS ET LE LAUTARET

15 et 16 septembre.

Le ciel est toujours maussade, mais le zélé ordonnateur du meeting de Grenoble, M. Marcel Reymond, ne se laisse pas rebuter pour si peu, et nous partons quand même. Nous n'avons pas lieu de le regretter, car la vallée de la Romanche, que nous remontons en tramway, est superbe, et l'accueil que nous recevons à Bourg-d'Oisans dépasse tout ce que nous pouvions espérer.

Toute la population est sur pied, le maire et le Conseil municipal en tête. Dès que le train s'arrête, une fanfare attaque la *Marseillaise* et le *God save the king*, et les cris mille fois répétés : Vive l'Association franco-écossaise ! retentissent de tous côtés. La grande rue du bourg est pavoisée aux couleurs de France et d'Angleterre avec une profusion à peine croyable de drapeaux et d'oriflammes ; tout a pris un air de fête.

Les paroles de bienvenue une fois échangées, le maire nous conduit sous un dôme de feuillages et de bannières, sur une petite éminence, où un essaim de jeunes filles en vieux costume local sont rangées autour d'une table couverte de fleurs, de gâteaux et de fruits, prêtes à verser un vin d'honneur et à offrir des bouquets aux dames de la caravane.

Dans ce cadre alpestre, cet accueil, où l'on sent tant de bonhomie, a une saveur particulière, et Lord Reay ne peut résister au plaisir de dire combien lui et ses compatriotes en sont touchés.

Au nom de mes amis Ecossais, je vous prie d'agréer nos plus sincères remerciements et de les transmettre à la population de votre belle ville, car nous avons reçu ici des témoignages de votre bienveillance qui nous ont vivement émus. Comme vous nous sommes des montagnards, et comme vous nous possédons des mines d'or qui, toutefois, se refusent à nous enrichir. Ce n'est pas l'or qui constitue l'attrait des contrées que nous habitons, c'est leur situation pittoresque, leur histoire et la simplicité de leurs mœurs — autant de trésors qui inspirent cet amour de la patrie que nous avons en commun. En regagnant nos foyers, nous garderons le souvenir de votre accueil comme d'un des incidents les plus agréables de notre voyage, et soyez sûrs que nos compatriotes partageront notre reconnaissance et nous envieront l'expérience que nous avons acquise de votre bon vouloir à notre égard. Nous formons les vœux les plus sincères pour votre prospérité et pour votre bonheur, car il y a une solidarité internationale qui fait que la prospérité d'un peuple se communique aux autres.

Après quoi M. Gérard, qui est à la fois professeur à la Faculté de droit et maire du Bourg, s'avance au bord de la terrasse et nous explique les transformations que le pays a successivement subies, alors que les eaux de la Romanche, arrêtées par des éboulis, remplissaient le fond de la vallée, puis rompaient le barrage. Il nous montre la borne qui marquait le niveau de l'eau à l'époque où la vaste plaine n'était qu'un lac immense, c'est à dire au XIIIe et au XIVe siècle, et les traces visibles du scellement de l'anneau qui servait aux pêcheurs de l'époque à amarrer leurs barques. La terrasse sur laquelle nous nous trouvons, ajoute-t-il, est le socle de la vieille église du village, aujourd'hui disparu, de St-Laurent-du-Lac. Le savant professeur nous fait un cours complet d'histoire, d'archéologie, de géologie, de minéralogie ; il explique les caractères géologiques de l'Oisans, parle des mines d'or et d'argent de Lagardette, puis montrant du doigt les vastes usines qui chaque jour remontent plus haut le long des torrents, il insiste sur les transformations qu'amènent à leur suite les découvertes scientifiques. Hier la terrible Romanche n'était qu'un fléau dévastateur ; aujourd'hui, grâce à l'énergie liquide que le génie humain sait utiliser et transporter, la voilà devenue une source inépuisable de bien-être et de richesses pour les régions les moins favorisées.

Après avoir admiré de nombreux échantillons minéralogiques, pyrites et calcopyrites, minerais de sulfure de plomb argentifère, ainsi que de superbes quartz aurifères, dont l'un figurait un léger et délicat papillon aux ailes déployées, nous rentrons à l'hôtel, où est dressée la table du banquet offert par la population et la municipalité. Au dessert, M. Gérard se fait l'interprète des sentiments de ses administrés en ces termes :

Mesdames, Mylords, Messieurs,

Quand j'ai accepté le périlleux honneur de présider ce banquet, je savais que j'aurais à prendre la parole devant une élite de la société écossaise et une élite de la société française, aussi j'ai bravé le péril pour avoir l'honneur, honneur qui se double pour moi d'un véritable plaisir.

Vous avez reçu avec tant de grâce notre hospitalité, et vous avez apprécié, d'une façon si bienveillante, les efforts que nous avons faits pour vous être agréables, que je me sens tout rassuré et que c'est avec simplicité et en toute cordialité que je veux vous apporter les vœux de la population dont je suis fier d'être ici l'interprète.

Après Lyon, la grande ville universitaire et industrielle ; après Grenoble, la belle capitale de notre beau Dauphiné ; après le château de Vizille, imprégné encore de la sévère figure du connétable de Lesdiguières, et du souvenir de la réunion des trois ordres de notre province, qui fut le prélude de la grande Révolution française, vous avez bien voulu consacrer quelques heures à notre petite bourgade ; nous vous en sommes profondément reconnaissants.

Vous ne trouverez pas ici les monuments et les souvenirs de l'histoire des hommes, mais vous y trouverez l'histoire des premiers âges du monde, des grands cataclysmes qui ont présidé à la formation de notre planète, écrite par la nature elle-même et signée avec des paraphés gigantesques, restés visibles après des milliers de siècles.

Vous n'y trouverez pas les réceptions grandioses qui vous ont été offertes et qui vous sont encore préparées, mais vous y trouverez des cœurs disposés à imiter l'hospitalité écossaise, c'est à dire à vous donner tout ce qu'ils peuvent donner.

Dans la petite promenade que vous avez faite ce matin, j'ai tâché de vous faire connaître la demeure que nous habitons.

Je vous ai conduits sur les ruines d'une ancienne église, seul vestige du village de pêcheurs, dont les barques sillonnaient jadis le lac Saint-Laurent. Je vous ai montré notre plaine fermée de toutes parts par les montagnes dont l'altitude dépasse 2.000 mètres et qui laissent entrevoir des sommets bien plus élevés encore. Je vous ai cité ses richesses minières, botaniques ; M. Laporte, ingénieur, et M. Kilian vous ont développé ses richesses minéralogiques.

Je vous ai parlé de ses splendeurs naturelles, mélange de sublime et d'horreur, qui, suivant l'expression de M. Ferrand, l'historien érudit de l'Oisans, que je suis heureux de saluer ici et de remercier, exigent une initiation, mais qui font trouver magnifique le temple du génie de la montagne, une fois qu'on l'a parcouru.

Je vous ai dit que les glaciers, houille blanche, seule parure de nos sommets altiers, et que les torrents dévastateurs, qui, pendant des siècles, avaient fait notre ruine, allaient, assouplis par le génie de l'homme, contribuer à notre richesse.

Je vous ai parlé, enfin, de nos rêves d'avenir.

Il me reste, mesdames, mylords et messieurs, à vous présenter les habitants de ce pays.

Ils appartiennent à une race forte, d'origine celtique, mélangée de quelques Burgondes, attirés comme colons par les Romains, et de Sarrazins chassés dans nos montagnes par les victoires de Charles Martel. Depuis l'origine des temps, ils ont dû se défendre contre les hommes et plus particulièrement, et pendant des siècles, contre les Savoyards, leurs preux voisins, devenus aujourd'hui de bons amis ; argument qui pourrait être fourni à M. Barclay, si nous avions le bonheur de l'avoir parmi nous, pour la thèse qu'il défend avec tant d'éloquence.

Ils ont dû lutter aussi, et surtout, contre les caprices et souvent les fureurs d'une maîtresse redoutable et redoutée, mais toujours adorée par eux, la montagne.

Obéissant aux lois de la physiologie générale, ils se sont adaptés au milieu qu'ils habitent et leur caractère est fait de contrastes.

Ils sont rudes comme les montagnes qu'ils habitent, mais ils cachent dans leurs cœurs des trésors de bonté, comme ces dernières cachent des oasis de verdure.

Les spectacles grandioses qu'ils ont constamment sous les yeux les rendent contemplatifs, mais la pierre qui roule et menace leur existence, le torrent et l'avalanche qui descendent avec fracas, les arrachent à leurs rêveries.

Chaque pas mal assujetti dans leur marche peut entraîner une catastrophe : ils sont donc prudents et attentifs ; mais ils apprennent chaque jour que la peur et le vertige peuvent entraîner dans l'abîme : ils deviennent audacieux.

Ils savent que le chemin est souvent rude et malaisé, mais qu'en ne se décourageant pas, on arrive toujours : ils sont patients et tenaces.

Pour aller d'un point à un autre, ils constatent, qu'en montagne, ce n'est point comme en géométrie, et que la ligne droite n'est pas toujours le plus court chemin d'un point à un autre : ils sont avisés.

La récolte arrachée au sol leur a coûté tant de peine et il leur a fallu tant de travail pour conquérir leurs terres sur les torrents et les éboulis, qu'ils sont devenus économes et qu'ils défendent âprement leurs propriétés.

Ces empreintes fixées par la nature qui les entoure sur le caractère des gens de l'Oisans en ont fait une race forte, très originale, et qui mérite l'attention du psychologue et du penseur.

Mesdames, Mylords, Messieurs,

C'est au nom de cette population que je porte la santé de Lord Glenesk, président de la section écossaise, et de M. Casimir-Périer, président de la section française, que des devoirs impérieux ont rappelé à Paris ;

De Lord Reay, dont l'éloquence empreinte d'humour et de bonhomie nous a tant charmés ce matin ;

De M. le Directeur de l'Enseignement supérieur et de M. le Recteur de l'Académie de Grenoble, qui nous ont honorés de leur présence ;

De tous les membres de l'Association franco-écossaise, dont le but est si noble, si élevé, qu'elle a mérité d'emblée l'adhésion de tous les esprits généreux, de tous les penseurs ;

De vous toutes, Mesdames, qui savez apporter la grâce et le charme dans nos réunions d'hommes.

A son tour, Lord Reay, au nom de ses compatriotes, répond à ce toast brillant et vante l'importance de l'administration communale.

Monsieur le Maire, Mesdames, Messieurs,

Nous ne saurions rendre les impressions que nous emporterons de notre visite, car les paroles sont insuffisantes pour vous dire à quel point nous sommes touchés de la sympathie que nous avons trouvée et que toute la population a manifestée à notre égard. Nous félicitons le Bourg-d'Oisans d'avoir à sa tête un homme aussi distingué que M. le professeur Gérard. Lord Rosebery est d'avis que l'administration des affaires communales offre un terrain aussi intéressant que celui du gouvernement, et que les résultats d'une bonne administration locale sont plus immédiats. Sûr est-il que les intérêts locaux réclament l'attention d'hommes de valeur, et comme l'hygiène joue un rôle des plus importants, il est naturel que les habitants de Bourg-d'Oisans aient élu un maire qui a une si haute compétence. J'ai apprécié le prix que vous attachez à une abondance d'eau, car aux Indes c'est une des grandes préoccupations de notre administration. Vous me permettrez de mettre à votre disposition des broches écossaises pour les demoiselles qui nous ont fait connaître l'ancien costume du Dauphiné. Elles se plaignent de la dépopulation du district. On pourrait cimenter les bonnes relations entre les divers pays en faisant transmettre ces broches par des jeunes montagnards écossais dont, en ce cas, je ne garantirais pas le retour ! Je porte un toast à Bourg-d'Oisans et à la personne distinguée de son maire, qui nous a fait si gracieusement les honneurs de sa ravissante commune et qu'un jour nous espérons saluer en Ecosse, où il sera toujours le bienvenu.

D'autres orateurs sont encore inscrits, mais il est temps de partir et l'on se hâte vers les cars alpins, non cependant sans avoir chanté *He is a jolly good fellow* et battu un triple ban en l'honneur du Bourg-d'Oisans, du docteur Gérard et de l'Union franco-écossaise.

Un peu avant la Grave, les cars s'arrêtent. Une croix de pierre se dresse là au bord de la route, et chacun veut rendre un pieux hommage à la mémoire d'Abel Bergaigne, de celui qui fut pour tant d'entre nous un maître et un ami.

A la prière de M. Paul Mellon, M. Hartwig Derenbourg prend la parole et évoque le souvenir de cette figure si modeste, si ardente, si désintéressée. Le savant orientaliste rappelle en termes émus ce que doit l'exégèse védique aux travaux du maître français, et l'importance de son œuvre au point de vue de l'intelligence des textes d'une littérature que l'imagination de l'école allemande avait peut-être trop parée de brillantes couleurs. Là où les indianistes d'outre-Rhin n'avaient vu qu'un recueil d'hymnes poétiques célébrant les phénomènes de la nature, Abel Bergaigne voit surtout un rituel et une liturgie (1). C'est avec un

(1) Chacun sait, en effet, que pour Bergaigne Agni est moins le feu

recueillement profond que l'assistance écoute M. Hartwig Derenbourg et s'associe au témoignage rendu là,
au pied de la Meidje et près de l'humble croix, à
celui qu'une mort accidentelle enleva si prématuré-
ment à la science et à l'affection des siens, parents
et amis.

Après quelques instants de repos dans le bourg de la
Grave, la caravane se remet en route. Il fait noir, il
fait froid, et on ne voit ni les glaciers de la Meidje, ni
ceux de la barre des Ecrins. Mais qu'importe. Ce
qu'on a aperçu des gorges de l'Infernet et des déchi-
rures profondes où mugissent des eaux bouillonnantes,
ce que l'on a entrevu à travers les brouillards des
roches escarpées où s'accroche la route, laisse suffisamment deviner ce que serait le spectacle si le manteau qui nous cache les cimes se déchirait.

Cependant la route paraît longue ; pour en tromper
l'ennui, les musiciens de la troupe chantent des ballades d'Ecosse, la *Marseillaise* et des chansons françaises, tandis que les intrépides mettent pied à terre
et suivent en causant les cars, que traînent péniblement de robustes chevaux. Enfin, au détour d'un lacet,
on aperçoit dans le brouillard et la nuit noire quelques
faibles lumières. C'est l'hôtel. Nous sommes arrivés.
Il est neuf heures.

Le dîner n'a pas la solennité des jours précédents ;
mais les toasts n'en continuent pas moins. Les dames
s'en mêlent. On applaudit à tout rompre. Malgré la
franche gaîté qui règne, on n'oublie pas cependant
le côté sérieux de la vie, et M. Moncrief propose de
faire, parmi ses compatriotes, une collecte en faveur

du ciel que la flamme qui s'élève sur l'autel et donne au sacrificateur
qui l'arrose de soma, des vaches et de la richesse.

des familles nécessiteuses de la région. L'idée est unanimement approuvée ; un béret circule autour de la salle et bientôt une somme est recueillie, qui sera remise au retour aux maires de Grenoble et du Bourg-d'Oisans.

Pendant ce temps, M. Marcel Reymond, qui se prodigue et met partout de l'entrain, boit à la prospérité de la branche française :

Mesdames, Messieurs,

Je porte un toast à l'aimable Président de ce banquet, M. Paul Mellon, et à la branche française de l'Association franco-écossaise dont nous sommes les hôtes pendant la course du Lautaret.

En parcourant notre Dauphiné, vous pensiez le plus souvent à ceux qui vous servaient de guides et vous pouviez être portés à oublier un peu ceux qui depuis longtemps se sont appliqués à préparer cette heureuse réunion. Laissez-moi vous dire aujourd'hui quelle dette de reconnaissance nous devons à M. Paul Mellon, qui a été l'initiateur de ce meeting et qui, pendant de longs mois, en a préparé l'exécution. Moi, qui correspondais presque journellement avec lui, et qui lui donnais tant de peine par tous les renseignements que je sollicitais de lui, pour tous les changements qu'il fallait sans cesse apporter à notre programme, j'ai pu, plus que tout autre, apprécier sa bonté, sa courtoisie, son inaltérable dévouement, et c'est du fond du cœur, avec toute ma gratitude, que je lève mon verre en l'honneur du secrétaire général de la branche française, M. Paul Mellon.

Mis en cause, le secrétaire général remercie l'orateur de ses éloges, qu'il ne saurait accepter sans réserves. Si le meeting a à peu près réussi, dit-il, cela tient surtout à ce que chacun dans sa sphère, à Lyon, à Paris ou à Grenoble, s'est appliqué à faire de son mieux la tâche qui lui incombait. Puis il parle du caractère de l'Association, et ajoute que le

Dauphiné, ce pays de hautes montagnes, où le voyageur, par un effort continu, s'élève toujours plus haut, pour contempler dans toute leur splendeur les beautés de l'œuvre de Dieu, était bien le pays désigné pour offrir l'hospitalité à des hommes dont la devise est : *Excelsior, excelsior*.

Une dame se met au piano, et une sauterie s'organise, entremêlée de « gigue écossaise » (*Scottish reel*), qui dure jusqu'à une heure avancée de la nuit.

Le col du Lautaret n'est cependant qu'une étape. Le but de l'excursion proposé à l'intrépidité des jeunes misses est le col du Galibier. Malheureusement, malgré l'espoir qu'avaient donné la veille au soir quelques étoiles éparses dans le ciel, la brume recouvre les sommets. On part quand même, sous la direction de M. Kilian, professeur de géologie à la Faculté des sciences, et de M. Henry Ferrand, avocat du barreau de Grenoble et fervent de l'alpinisme ; mais peu à peu la troupe s'égrène, et la plupart d'entre nous se contentent d'une promenade à travers de belles prairies, où paissent des troupeaux. Ce que nous avons sous les yeux est du reste suffisant pour diminuer nos regrets. Sur le versant méridional du col, dont le soleil levant éclaire les pentes gazonnées, c'est un tableau idyllique de la vie rustique à ces hautes altitudes, tandis que là-bas, tout au fond et bien loin, se dressant en son manteau d'azur, la chaîne des Alpes italiennes attire l'imagination et l'invite, par de lointaines et séduisantes perspectives, vers les pays du rêve et du soleil ; car nous sommes ici sur une ligne de partage : d'un côté la Romanche, qui s'en va vers l'Isère, de l'autre la Guisane, qui roule ses eaux rapides vers la Durance et les terres où chantent les cigales.

A dix heures, M. Lachmann nous réunit au Jardin botanique pour nous montrer quelques échantillons de la flore des Alpes, et les essais qu'il a faits pour acclimater à ces hautes altitudes certains légumes et certaines plantes potagères.

Le Jardin est près de l'hôtel et contient des spécimens des végétaux qui croissent dans ces régions alpestres, ou qui proviennent des hauts plateaux du Thibet et d'ailleurs. Quelques-uns de ces spécimens sont merveilleux de forme et d'élégance, et nous écoutons avec le plus vif intérêt une leçon de choses rendue si attrayante et si facile.

Après cette course dans l'espace, c'est M. Kilian, le jeune et distingué professeur de géologie à la même Faculté, qui nous fait voyager dans le temps ; s'aidant de cartes et de photographies, il nous parle des premiers âges de notre planète.

Après avoir montré que c'est à la formation de plissements qu'il faut attribuer l'origine des chaînes de montagnes, il conclut que les Alpes en particulier peuvent être considérées comme une ride complexe de l'écorce terrestre ; il envisage ensuite les modifications que la désagrégation, l'érosion et le démantèlement ont fait subir au bourrelet alpin après sa formation ; il insiste notamment sur la formation du réseau hydrographique et montre la curieuse *évolution* qu'ont subie les vallées creusées par les rivières et les torrents dont l'homme utilise actuellement l'énergie pour actionner ses usines et ses moteurs. Le conférencier dit aussi quelques mots des glaciers qui alimentent sans cesse ces sources d'énergie que sont les torrents, et parle du problème qui se trouve posé devant le monde savant, du fait de leurs variations.

De la chaîne alpine, une des plus récemment formées sur le globe, et qui possède encore la hardiesse de formes et l'attitude caractéristique des chaînes relativement jeunes, M. Kilian passe à des zones de plissement plus anciennes, dont il ne reste plus aujourd'hui que de modestes collines aux contours adoucis par l'action prolongée de l'érosion ; les Vosges, les montagnes de l'Ecosse, de la Bretagne, représentent quelques-unes de ces chaînes vieillies, et peuvent nous donner une idée de l'état vers lequel tendent fatalement, dans un avenir encore éloigné, il est vrai, les fiers sommets et les arêtes aiguës de nos Alpes.

Les conférences terminées, on repart après le déjeuner, à 2 heures. La descente est admirable. Les plans successifs des montagnes, qui semblent se dresser toujours plus haut à mesure que la route s'abaisse, lui donnent un caractère de grandeur incomparable. Arrivés à 5 heures à Bourg-d'Oisans, nous y savourons un *five o'clock tea* que l'inépuisable hospitalité des habitants a préparé à notre intention, et toujours fêtés, toujours acclamés, nous reprenons le train de Grenoble, après avoir eu le plaisir de voir les jeunes filles de l'endroit, revêtues de leur pittoresque costume, exécuter quelques danses locales.

SIXIÈME JOURNÉE

GRENOBLE ET URIAGE

15 septembre.

————

C'est la journée des conférences, et l'une des plus remplies de la semaine. Elle commence par une visite à la manufacture de gants de MM. Perron frères, dont les machines sont actionnées par l'électricité et dont les ateliers remplissent toutes les conditions hygiéniques désirables.

Avec leur sens pratique et leur goût des réalités, les Écossais s'enquièrent de l'organisation d'une industrie qui fabrique pour plus de 80 millions de produits par an, et dont l'exportation pour l'Amérique et l'Angleterre se fait sur une très large échelle.

Puis, la visite terminée, les congressistes se rendent à l'Université, où, dès leur arrivée, les conférences commencent. M. Paul Mellon prend le premier la parole.

Before beginning, I think it necessary to excuse myself and to apologize, the subject I will speak upon being perhaps a little special : but I know your kindness I know also that you want to get acquainted with our Universitary organisation and I hope then that you will not regret the time you are good enough to devote in listening to me.

Mesdames et Messieurs,

Les organisateurs du 3ᵉ meeting franco-écossais qui nous reçoivent aujourd'hui dans cette belle et hospitalière ville de

Grenoble, m'ont demandé avec une si aimable insistance d'apporter ma contribution au programme des conférences de notre réunion, que je n'ai pas cru pouvoir ni devoir décliner cet honneur. C'eût été, en effet, bien mal reconnaître l'accueil si empressé que M. Marcel Reymond avait fait il y a déjà plusieurs années à mes premières démarches, alors que je lui demandais s'il pensait que le Conseil des Facultés de l'Université et son éminent recteur voudraient prendre sous leur haut patronage la réunion projetée, que de se refuser à fournir ma quote-part, pour si modeste et si insuffisante qu'elle puisse être. Et pourtant, ce n'est pas sans un certain sentiment d'embarras que je monte à cette place.

Le sujet, en effet, que je dois traiter devant vous, pour répondre au désir qui m'a été exprimé, n'est pas de ceux qui se prêtent à de longs développements ou qui puissent piquer beaucoup la curiosité. Je fais donc appel à toute votre indulgence et vous prie de m'excuser, si ma langue malhabile trahit trop mon inexpérience en l'art de bien dire.

L'idée de patronage n'a rien de neuf. Elle a existé de tout temps, et le fait de l'avoir appliquée à des étudiants étrangers dans un pays où, de temps immémorial, les Universités se sont fait gloire d'appeler dans leurs chaires et autour de leurs chaires des maîtres et des étudiants de toute l'Europe, ne constitue qu'un bien mince mérite. Le difficile était de l'appliquer. Et de quelles indications nouvelles pouvez-vous avoir besoin, vous qui nous donnez ici à tous des exemples et des leçons ? Que dire en présence d'hommes qui ont su faire leur le programme tracé vers 1889, alors qu'au nombre de quatre ou cinq nous nous réunissions à l'École libre des sciences politiques, sous la présidence de M. Boutmy, qui ont su, dis-je, obtenir les résultats dont nous sommes ici les témoins émerveillés ? Je regrette que M. Ribot, M. Lavisse, M. Sorel, qui furent les collaborateurs de la première heure, n'aient pas pu se joindre à nous, car ils auraient constaté avec plaisir en quelle belle floraison, sur cette terre riche en éléments fertilisants, l'œuvre modeste à laquelle ils avaient voulu prêter leur concours et l'autorité de leurs noms, s'était épanouie. Grenoble tient, en effet, aujourd'hui la première place après Paris au point de vue de la statistique des étudiants étrangers. Elle distance Montpellier, qui en compte trois cents environ, Nancy qui en compte plus de cent, et prend la tête avec le chiffre de cinq cents, qui a été réalisé en une seule année.

Que la situation exceptionnelle de cette Université, placée au cœur des Alpes françaises, puisse y être pour quelque chose, c'est possible, mais les cimes neigeuses n'auraient pas suffi, si d'autres conditions ne s'étaient trouvées réunies ici : belles installations scientifiques, richesses naturelles offertes à la curiosité du chercheur, flore unique au monde, maîtres réputés, collaboration anonyme de toute une population passionnément dévouée aux intérêts de la science et de l'Université ; si enfin il ne s'était pas rencontré ici un groupe d'hommes infatigables, que rien ne rebute et que rien ne lasse, et qui enserrent dans un même lien d'affection et d'amour la prospérité de Grenoble, du Dauphiné et du haut enseignement. Je connais leur modestie, et je sais qu'elle est prompte à s'effaroucher. Comment pouvais-je cependant, dans cette esquisse rapide des œuvres de patronage, ne pas rendre hommage à un zèle qui ne s'est jamais démenti ?

Je ne plaiderai donc pas ici la cause des Comités de patronage, ni des œuvres analogues, puisque aussi bien cette cause est gagnée non seulement chez nous, mais dans tous les pays. En Autriche, ou plutôt en Hongrie, ce sont des Consulats d'étudiants que l'on a organisés ; en Danemark, dans les pays scandinaves, ce sont des Comités correspondants de celui de Paris, qui, à notre requête et sur notre initiative, se sont formés avec l'appui des professeurs et parfois des gouvernements ; en Écosse, l'œuvre a pris un autre nom et une autre forme, mais son but reste identique ; en Amérique, elle s'est appelée le Comité Franco-Américain, et comme sa sœur de l'autre côté de la Manche, a été le résultat et la conséquence des sympathies et du respect qu'inspirent la science de nos maîtres et les qualités d'un génie national fait de clarté et de précision.

Savez-vous ce que disait dans un congrès, en 1900, un savant professeur de littérature comparée, de l'Université de Columbia ? « Nous avons appris des Allemands la préoccupation du menu détail, la patience dans la recherche et l'amour de la spécialisation poussée jusqu'à l'extrême limite ; mais cette germanisation à outrance ne doit pas être, dans le champ de la recherche littéraire ou scientifique, l'objet unique de nos efforts. Aussi est-il à désirer que nos étudiants se détournent un peu de la route suivie par leurs prédécesseurs et aillent

s'adresser aux sources de la science française, là où l'enseignement est si large, si limpide et si sain. » Et lui faisant écho,
un autre illustre savant, que nous avons le plaisir de voir souvent à Paris, n'avait-il pas écrit : « Il n'existe au monde aucun
centre d'études qui soit plus richement pourvu que Paris en
ressources de toute nature, dans toutes les branches du savoir,
et aucun pays qui soit plus disposé que la France à ouvrir lar-
gement les portes de ses écoles et de ses établissements de haut
enseignement aux étudiants étrangers. La sympathie intellectuelle qui a présidé aux rapports de la France et de l'Amérique
depuis les jours où Franklin venait à Paris, n'a jamais disparu, et comme elle est une des formes de l'opinion publique
française, elle promet à nos compatriotes l'accueil le plus cordial. Cependant, tandis que nos étudiants vont par milliers
dans les Universités d'outre-Rhin, peu relativement profitent
des nombreux avantages que leur offrent les Universités françaises. » Et faisant allusion aux facilités nouvelles qui ont été
consenties, dans ces dernières années, aux étudiants, et à la
création des certificats d'études et des diplômes que les Universités ont institués, l'éminent mathématicien, qui a vu se
réaliser les vœux qu'un autre de ses compatriotes, M. Furber,
avait exprimés un jour dans une de nos séances à la Sorbonne,
nous donne l'espoir, espoir que l'événement justifie chaque
jour, d'une nouvelle orientation de la jeunesse de son pays.

Ne croyez pas, Messieurs, qu'en vous citant ces paroles j'aie
obéi à un sentiment, qui serait ici tout à fait déplacé, de vanité nationale ; non, mon but a été seulement de vous montrer
que c'est parce que nos Comités de patronage sont venus à
l'heure psychologique et répondaient à un besoin, qu'ils ont
réveillé partout de la sympathie, bien qu'ils n'aient recherché
ni le bruit, ni l'éclat de la rampe.

Que sont donc les Comités de patronage ? Mais d'abord des
œuvres de courtoisie internationale, puis, en second lieu, des
œuvres destinées à faciliter les rapports universitaires, et par
suite à seconder le mouvement d'échange intellectuel et scientifique qui caractérise notre époque. Dans la pratique, ils se
préoccupent d'accueillir l'étudiant, de le renseigner sur les
conditions de la vie matérielle, de lui rendre facile l'accès
de nos écoles, de nos bibliothèques, de nos moyens d'instruction, de lui servir d'intermédiaire officieux chaque fois que
l'occasion s'en présente, de constituer autour de lui comme
une ambiance de vie de famille, et, en un mot, de le pénétrer

de cette pensée qu'il n'est *pas isolé*, qu'il trouvera toujours quelqu'un disposé à lui donner un conseil, un appui, et même davantage, sans que cependant la limite qui pourrait intéresser la dignité de l'étudiant soit jamais dépassée.

A Paris, où il y a tant d'écoles, tant d'établissements de haut enseignement, tant de centres d'études, qui ont leur vie propre et leur autonomie, il était plus nécessaire qu'ailleurs qu'un guide obligeant s'offrît à orienter l'étranger dépaysé et surpris par tant de richesses disséminées un peu au hasard des circonstances. L'organisation de notre enseignement supérieur ayant conduit, en effet, au système des écoles spéciales, il était assez difficile pour un étranger de se retrouver au milieu de tant d'établissements divers. Une des fins poursuivies a donc été de lui fournir un fil conducteur et de lui montrer, dans des publications *ad hoc* (1), le lien qui les unit toutes sous les apparentes diversités, et en fait un ensemble d'une riche unité.

En province, la difficulté n'est pas la même, car, s'il existe à Montpellier, à Bordeaux, à Lyon, à Nancy, à Toulouse, à côté des Universités, des écoles spéciales de grand renom et de haute valeur scientifique, elles ne luttent pas suffisamment d'éclat avec le foyer central, pour que l'étudiant soit embarrassé et trouve malaisément les cours et les enseignements qu'il recherche. Il sait qu'ils sont à l'Université, et là seulement.

Mais toutes les branches d'études ne sont pas également représentées partout; il y a naturellement une étroite corrélation entre la région et le programme. Telle chaire du Midi n'existe pas dans le Nord et *vice-versa*, et tel cours de l'Université de Besançon ou de Bordeaux ne se retrouve pas à Poitiers ou à Caen; il était donc bon que des brochures fussent publiées et répandues, pour faire connaître les avantages particuliers à chacune de nos provinces et le caractère spécial de l'enseignement dans chacun de nos centres d'études. Le Comité de Paris s'est par la force des choses réservé ce qu'il y avait de plus général dans le programme de propagande. Ainsi il s'est occupé, dans ces derniers temps, de dresser en une brochure d'une soixantaine de pages, la liste complète des nouveaux diplômes et certificats dernièrement créés, de les

.) *Enseignement supérieur et technique en France.*

faire traduire et de les envoyer nominativement à tous les professeurs des écoles, des collèges et des Universités des pays de langue anglaise, c'est à dire des États-Unis, du Canada, d'Australie, des Indes, de la Grande-Bretagne, etc., etc.

Actuellement, une autre brochure est en préparation. Destinée à renseigner les étudiants de langue grecque sur les ressources et l'organisation de l'enseignement médical dans quelques-unes de nos Facultés les plus importantes et les plus riches en instruments de travail, elle répond à certaines préoccupations des cercles d'Athènes sympathiques à la France. Cette brochure a été traduite en grec moderne, et grâce au bienveillant concours de M. Cawadias, directeur des musées nationaux du Royaume, qui a bien voulu lui-même revoir les épreuves, elle est en voie d'impression.

Les Comités locaux se sont naturellement davantage spécialisés. De là le caractère si nouveau et si intéressant de leurs publications. En faisant connaître les avantages particuliers à leur région et les ressources spéciales que l'enseignement pourrait y offrir, ils ont apporté une contribution bien utile à la carte universitaire de notre pays.

J'insiste sur ce point, devant mes auditeurs étrangers, car depuis le jour malencontreux, où regardant sa montre, un ministre de l'Instruction publique dit : « A cette heure, tous les collégiens de France font la même version, » l'opinion s'est répandue que la caractéristique de notre enseignement était l'uniformité. Eh bien, il me semble que si l'on va au fond des choses, on peut dire qu'il n'en est rien, et que sous l'identité des programmes qu'impose la nécessité des examens (nécessité qui est la même à peu près partout), il existe une réelle variété qui ira toujours en s'accentuant, et qui est déterminée par l'histoire de nos provinces, par les races qui les habitent, par les langues qu'on y parle, par les conditions de la vie économique et sociale de nos différents milieux.

Y a-t-il, en effet, rien au monde de moins monotone et de plus divers que la terre de France ? Comparez la Gascogne avec la Bretagne ou la Normandie, le sol granitique du Morvan et les rivages ensoleillés de notre Provence. A quelques lieues d'ici, à Lyon, à Vienne, à Orange, vous êtes en pleine civilisation romaine ; poussez plus loin, ce sera un autre âge et une autre époque qui surgiront devant vous, de leur reliquaire de pierres. Ici, Avignon et le schisme de l'Église ; là, Aigues-Mortes et l'épopée des Croisades, plus loin le vieux

Carcassonne avec ses tours féodales et ses donjons du Moyen Age. Et quant aux races, que de traits distincts dans le mélange harmonieux qui constitue le type Français, depuis le Normand, venu du Jutland, jusqu'aux descendants des Grecs et des Romains, depuis les robustes, forts et consciencieux fils des Allobroges, jusqu'au peuple épris de liberté et d'indépendance qui dans les vallées les plus belles et les plus verdoyantes de nos Pyrénées, conserve avec un soin jaloux la langue, la physionomie et les coutumes de ceux qui rendirent fameux le col de Roncevaux, au temps de Charlemagne.

Au Nord de la Loire, dans ce pays où le fleuve, de temps immémorial, a déposé avec ses alluvions fécondes des germes de richesse, c'est l'architecture de la Renaissance, avec toute son élégance seigneuriale et sa splendeur royale, qui s'épanouit en une admirable floraison, tandis qu'à l'Ouest, le profond sentiment religieux celtique s'incorpore dans ces jets de pierre ajourée qui symbolisent la prière. La France est donc, selon l'expression de Jules Michelet, une personne que des traits spéciaux et fortement individuels distinguent des autres régions de l'Univers habité, car, avec ses ballons des Vosges, ses plombs d'Auvergne, ses causses, ses garrigues, ses brennes et ses brandes, son Ouest rural, agreste, et son Midi urbain, monumental et municipal ; ses vignes d'un côté et ses cultures industrielles de l'autre, ses pommiers et ses orangers, elle est un mélange rare de tout ce qui fait le charme de la Grèce et des pays du Nord. Placée comme elle l'est, entre l'Océan et la Méditerranée, possédant le massif le plus élevé de l'Europe et d'admirables plaines, ayant un pied en Afrique, et le front baigné par la mer du Nord, riche des trésors accumulés dans ses musées et ses bibliothèques, fière des monuments qu'une suite ininterrompue de civilisations en plein épanouissement a laissés sur son sol, la France offre au chercheur un large champ d'études et de grandes ressources. Renseigner sur toutes ces diversités de races, de langues, de milieux, de productions, faire connaître toutes les empreintes différentes que l'histoire générale ou l'histoire locale a laissées sur chacune de nos régions, tel a été l'objet de nos Comités de province, et il me semble que ce n'est ni un des moins utiles, ni un des moins intéressants.

Là pourtant ne s'est pas bornée leur activité, et bien d'autres créations utiles témoignent de leur bonne volonté et de leur zèle. Songez seulement à ce qu'ils ont fait au point de vue de l'enseignement de la langue, cet instrument indispensable à l'étranger qui veut profiter des leçons qu'il entend. Partout ce sont des cours de langue française qui ont été organisés ; cours élémentaires et cours de perfectionnement.

Montpellier a donné le branle, grâce à l'initiative d'un homme généreux ; d'autres centres ont suivi, puis bientôt ce sont des cours de vacances qui ont pris place à côté ; puis des conférences spéciales à l'usage des étrangers, tout un programme combiné pour faciliter leur progrès. Nancy a créé une Société pour l'étude des langues étrangères, sous le patronage des personnalités les plus hautes de la région. Dijon, qui tente une organisation savante d'exercices pratiques et de conférences, s'efforce de familiariser ses hôtes avec la littérature, l'art, l'histoire des institutions, les sciences, la vie économique de la France d'abord, de la Bourgogne ensuite. Bordeaux a institué des lectures étrangères. Dijon, Nancy ont fait de même. Grenoble enfin a dépassé ses aînées en organisant un enseignement complet de droit romain en langue allemande, et en obtenant des Universités d'outre-Rhin, qu'elles reconnaissent comme valables les semestres passés ici.

Mais à quoi bon poursuivre ? Tous ces faits vous sont connus. Chaque jour vous pénétrez dans leur intimité, mieux que je ne peux le faire à distance et par ouï-dire. Je n'abuserai donc pas de votre patience, et vous laissant le soin de compléter de souvenir cette esquisse rapide, je vous demande la permission de vous dire en peu de mots la genèse d'une œuvre qui, grâce à la bienveillance et à la collaboration de tout le monde, et surtout des Conseils généraux des Facultés, est devenue partie intégrante de l'organisme universitaire.

L'idée des Comités de patronage se rattache à celle de l'Alliance française, en ce sens que l'une et l'autre sont sorties des mêmes préoccupations. L'idée de l'Alliance est la première en date, elle est née au lendemain du traité de Kassar-Saïd, et pour lutter contre des influences qui tendaient à s'affirmer quand même. Le cardinal Lavigerie, à qui elle avait été d'abord communiquée, l'approuva, l'encouragea, puis à son premier voyage à Paris, l'introduisit dans les milieux influents de la capitale, où elle ne tarda pas à prendre corps et à se traduire en fait, sous un vocable bien connu. Conçue d'abord comme instrument de défense et de propagande de notre langue sur tous les points du bassin de la Méditerranée, elle embrasse aujourd'hui toute la planète dans les mailles serrées de son vaste réseau.

Mais comme il arrive parfois, les hommes de la première heure ne furent pas appelés à appliquer leur idée, et bientôt par élimination ou volontairement ils se retirèrent. Comme pourtant ces questions de propagande et d'influence française leur tenaient au cœur, ils ne rentrèrent pas définitivement sous la tente. Dans le champ si vaste et si divers de l'action française, ils pensèrent qu'il y avait encore place pour les bonnes volontés, et qu'il n'y avait pas de raisons pour qu'un nouveau coin ne fût pas labouré et ensemencé.

C'est ainsi qu'un jour, au cours d'une conversation fortuite avec M. Albert Sorel, germa l'idée de réaliser par l'enseignement et les écoles de France le programme qui avait été d'abord conçu pour les écoles de la Tunisie. De suite on se mit à l'œuvre. Un premier groupe fut constitué. MM. Ribot, Lavisse, Albert Sorel, Boutmy prêtèrent leur concours, et dès la première réunion, le but de l'œuvre fut défini et résumé en cette courte phrase : « Les Comités de patronage ont pour but de recevoir les jeunes étrangers, de leur donner un appui moral et de leur fournir tous les renseignements nécessaires tant au point de vue des études qu'au point de vue de la vie matérielle. Ils s'efforcent de leur rendre le séjour en France aussi profitable qu'agréable et offrent leurs bons offices aux familles des étudiants. » Et c'est tout.

On ne fit pas de statuts, et je crois que jusqu'ici personne ne s'en est plaint. On pensa qu'un peu de bonne volonté suppléerait avantageusement à l'absence de règlement rigides, et que l'idée directrice une fois bien arrêtée, il valait mieux laisser à l'action souplesse et liberté. On tenait surtout à éviter cette déperdition de forces qui résultent si souvent d'une organisation plus compliquée.

Le premier soin du Comité une fois constitué, fut d'adresser aux Universités du monde entier des circulaires pour faire connaître son existence et son programme, puis de dresser, ainsi que je l'ai déjà dit, un inventaire aussi complet que possible de toutes les ressources qu'offre notre pays au point de vue de l'enseignement supérieur et technique et professionnel. La tâche n'était pas aisée, car la tentative était nouvelle. Enfin, après bien des recherches, une première édition parut, puis une seconde, en 350 pages d'un texte serré, qui donna un état méthodique par région et par ville, ainsi que par grandes divisions scientifiques, de nos écoles et de nos instruments de travail. Tirées à plusieurs milliers d'exemplaires, les deux éditions furent envoyées dans tous les coins du monde, et peut-être qu'elles n'ont pas été tout à fait inutiles (1). Il semble même qu'elles aient servi de modèle à des publications analogues de l'étranger.

De plus, les Comités qui étaient déjà des instruments de propagande, semblent avoir été aussi parfois des laboratoires d'idées nouvelles, si le mot n'est pas trop prétentieux, car peut-être est-il permis de faire remonter jusqu'à leur initiative des mouvements qui plus tard ont abouti.

Ainsi, bien avant la date du décret du 21 juillet 1897, qui autorise les Universités à instituer, en dehors des grades établis par l'Etat, des titres d'ordre exclusivement scientifique, il y a tels de nos procès-verbaux qui donnent comme un schema de ce qui plus tard deviendra un règlement universitaire (2).

(1) *L'enseignement supérieur et technique en France*, Groupes universitaires, Facultés, Ecoles spéciales, techniques. Armand Colin et Cⁱᵉ, Paris, 1893.

A citer également les publications faites aussi dans un but de propagande par le Comité pour faire connaître au public français les Universités étrangères, et par conséquent pour gagner les sympathies de leurs corps enseignants : *Universités de langue dano-norvégienne*, Paris, 1895 ; *l'Enseignement supérieur en Espagne*, Armand Colin, Paris, 1898.

(2) Par exemple, dans la séance du 26 juin 1895, à laquelle assistaient MM. Bréal, Moissan, Lavisse, Maspero, Fuster, Colmet de Santerre, Friedel, G. Monod, Darboux, Scheffer, Perrot, Giry, Buffenoir, Bonet-Maury, Paul Meyer et Paul Mellon, et qui fut présidée par M. Gréard, un vœu fut émis sur la proposition de l'un des membres présents, en vue de la création d'un diplôme honorifique, qui sans donner aucun des droits que confèrent les diplômes d'Etat, attesterait la valeur scientifique du candidat, et une Commission fut nommée qui se composa de MM. Bonet-Maury, Nondal, professeur de l'Institut technologique de Boston, Fuster, Gabriel Monod, Paul Meyer, Giry, Maspero, Levasseur, Paul Mellon.

Quelques jours plus tard, la Commission se réunit sous la présidence de M. Bréal, c'est à dire le 5 juillet, et l'éminent savant donna lecture du projet suivant :

1° Il est institué un diplôme qui pourra être décerné par les Universités aux étudiants français et étrangers.

M. Pasteur était alors notre président. Il s'intéressait à tout
et nous aidait de ses sages avis et de sa haute autorité. Au
début, il avait montré quelque réserve. Quel usage allait-on
faire de sa signature et de son nom? Mais dès qu'il fut rassuré,
quelle bonté exquise, quels précieux encouragements! Je ne
peux sans émotion me rappeler l'inépuisable bienveillance
avec laquelle le savant que le monde acclamait dans un élan
de respectueuse admiration et que l'éminent évêque de Dia-
kovo, Mgr Strossmeyer, dans une lettre au Comité appelait le
bienfaiteur de l'humanité, accueillait l'humble secrétaire.
Dans la conversation, il s'informait de ce qui vous touchait et
vous intéressait. Sa parole était pleine de bonté et d'affectueuse
sympathie. Une fois, pourtant, sa voix s'anima; le diapason

2° Le diplôme portera le nom de diplôme d'études supérieures. Il
portera la mention de l'Université qui le décernera.

3° Pour obtenir le diplôme d'études supérieures, le candidat devra,
au commencement du premier trimestre de ses études, se présenter
au recteur ou au professeur délégué à cet effet.

Il fournira la preuve d'une préparation suffisante, soit par un examen, soit par des certificats dûment vérifiés.

4° Il paiera les inscriptions trimestrielles et les droits de laboratoire, dans les conditions ordinaires fixées par les règlements.

5° S'il change d'Université, il fait constater sa présence à sa nouvelle résidence par le secrétaire de la Faculté.

6° Après une assiduité de 4 semaines au moins, il pourra présenter
sa demande pour l'obtention d'études supérieures.

7° Le candidat subira un examen devant une Commission composée
de professeurs dont il aurait suivi les cours durant le dernier semestre. Ces professeurs doivent être au nombre de trois au moins.

8° L'examen consiste en une épreuve écrite et en épreuves orales,
et, s'il y a lieu, en épreuves pratiques. L'épreuve écrite sera un travail
sur un sujet choisi par le candidat.

Le travail est lu par le professeur qui donne le bon à imprimer.

9° Les épreuves orales consistent en interrogations sur le travail
écrit et sur les matières des cours suivis en dernier lieu par le candidat.
Les épreuves pratiques auront lieu sous la surveillance d'un professeur délégué par la Commission d'examen.

10° Le diplôme mentionne la spécialité d'études du candidat, le titre
du travail écrit qu'il a présenté et les matières sur lesquelles il a été
interrogé.

11° Les droits à payer pour l'examen et le diplôme seront fixés par
l'Université. Le montant en sera versé dans les caisses de l'Université.

s'en éleva tout à coup. Il parlait de la façon dont, dans certains pays voisins, on annonçait et on méditait d'exploiter, pour en tirer profit, des découvertes non encore vérifiées par les faits, et l'émotion qui faisait vibrer sa parole disait assez ce que cet oubli des droits de la science, de l'humanité et de la France avait d'incompréhensible pour son cœur généreux, sa conscience scientifique et son ardent patriotisme.

Dans ce Paris où il est si difficile de forcer les portes, où il n'est pas de personnage, pour si modeste que soit son rang sur l'échelle sociale, qui ne se défende jalousement et ne vous fasse languir dans son antichambre, M. Pasteur vous recevait à toute heure et, avec un sourire, vous souhaitait toujours la bienvenue. Il n'était pas nécessaire d'écrire au secrétaire, de demander un rendez-vous. Il suffisait de sonner à la porte : le concierge était prévenu et vous laissait passer. Quand on partait, le maitre sortait de son cabinet et vous accompagnait jusqu'à l'escalier, ayant encore un mot aimable à vous dire.

Je me souviens qu'un jour, tandis qu'embarrassé de ma serviette, j'avais peine à retrouver la correspondance que je voulais lui communiquer, je le vis traverser en diagonale son vaste cabinet de travail. Il marchait déjà très péniblement, et la paralysie faisait son œuvre. Je me demandais donc pourquoi, contre son habitude, il paraissait ne pas m'écouter, quand je le vis revenir portant dans ses bras une petite table qu'il vint placer devant moi pour que je fusse plus à l'aise.

Et, dans son laboratoire, quelle douceur pour les patients, ou quelle simplicité, quand, dans une inoubliable leçon de choses, il vous expliquait lui-même le principe de sa théorie ou les conditions dans lesquelles agissait l'inoculation antirabique !

Tant qu'il fut debout, sa porte me fut toujours ouverte, et même, après que la maladie l'eut cloué sur son lit, il sut encore témoigner à notre œuvre, par de précieux messages, sa sympathie et son intérêt.

A sa mort, nous priâmes M. Casimir-Périer, ancien président de la République française, de nous prêter l'appui de sa riche expérience et de sa haute influence. Vous savez avec quel dévouement il l'a fait et le fait chaque jour. Lui aussi sait descendre des cimes pour écouter quiconque lui apporte une idée ou lui demande un concours, s'il pense pouvoir servir ainsi les intérêts de la jeunesse et de la patrie. Chaque jour, on peut mettre sa bonne volonté à contribution et jamais cette bonne volonté ne fait défaut quand il s'agit de servir une fin haute et désintéressée.

Si notre action embrasse aujourd'hui un champ plus vaste, si notre programme s'est élargi, si nous avons obtenu la fondation d'une section étrangère à l'Ecole d'Athènes, et si, en collaboration avec M. Homolle et le comte d'Ormesson, nous avons eu assez de crédit pour obtenir gratuitement du gouvernement grec le terrain sur lequel nous avons fait construire le bâtiment où sont logés déjà des Belges, des Hollandais, et où seront bientôt logés, je l'espère, des Scandinaves, des Luxembourgeois, des Espagnols, des Roumains et des Jougo-Slaves, n'est-ce pas à la force que nous donne l'autorité de son nom que nous le devons? Il m'en voudrait, s'il savait que je divulgue ici la part active et féconde en résultats, qu'il prend à nos affaires; je dis nos affaires, car malgré leur autonomie, nos Comités ne sont-ils pas au fond solidaires et le succès obtenu sur un point ne profite-t-il pas à l'ensemble de l'œuvre que tous poursuivent avec des moyens différents, mais avec une fin unique? Il m'en voudrait, dis-je, mais pouvais-je ne pas rendre hommage à la vérité? Et puisque nous sommes ici au chapitre de nos dettes, quelle reconnaissance ne devons-nous pas à M. Gréard qui nous a reçus à la Sorbonne et logés dans cette vénérable demeure; à M. Liard qui, dès la première heure, se dégageant des préventions administratives qu'on peut parfois regretter et qui sont pourtant nécessaires, a encouragé nos premiers pas; à M. Ribot, qui nous a constitué notre fonds de réserve; à M. Dupuy, ancien Président du Conseil, et à M. Pichon, actuellement Résident général en Tunisie, qui nous ont donné le pain quotidien, aux Ministres de l'Instruction publique et des Affaires étrangères, qui nous ont montré tant de sympathie; enfin, à tous ceux qui sont la tête et l'âme de nos Universités, je veux dire aux Recteurs et aux Membres du Corps enseignant, qui nous ont prodigué leurs lumières. C'est à eux, c'est à leur concours que nous devons d'avoir pu exister et faire quelque chose. Sans leur appui et leur bonne volonté, nous aurions été des propulseurs inertes. C'est la force qu'ils nous ont communiquée qui nous a permis de faire fonctionner le mécanisme. Qu'il me soit donc permis, au nom de tous nos Comités, de leur exprimer ici toute notre gratitude et de leur dire toute notre reconnaissance.

J'ai fini.

Je désirerais cependant ne pas quitter cette place sans avoir appelé votre attention sur une des formes que pourrait prendre encore l'activité de nos Comités, je veux parler de ce qui pourrait être essayé pour ouvrir à nos jeunes diplômés des débouchés dans les Ecoles et les Universités du dehors. L'idée est très simple, mais c'est l'exécution qui est malaisée, car s'il est relativement facile de trouver aujourd'hui des candidats, il l'est moins d'être renseigné à temps sur les vacances qui se produisent. Depuis plusieurs années déjà, le Comité de Paris s'occupe de la question et grâce au bienveillant appui de M. le Ministre des Affaires étrangères, il a pu faire procéder à une enquête préalable et recevoir un dossier important. Mais ce qui lui manque encore trop souvent, c'est l'agent qui est sur les lieux et le renseigne. Le trouvera-t-il dans les Chambres de Commerce françaises auxquelles il vient d'adresser un appel, il l'espère, car les réponses qu'il en a reçues sont pleines de promesses. Que d'efforts à faire cependant pour organiser le service et le maintenir en état de fonctionnement, même si nous trouvons partout l'empressement et le zèle de nos amis de la branche Ecossaise! Et cependant la chose en vaudrait la peine, car la question est de nature à intéresser tout le monde, notre *jeunesse universitaire* d'abord, la *jeunesse universitaire étrangère* ensuite.

Il n'est pas indifférent, en effet, que des chaires de français, par exemple, soient occupées par des hommes dont c'est la langue maternelle ou par des maîtres pour lesquels elle n'a jamais été qu'une matière de cours. D'un autre côté, quels trésors d'observations et d'expériences vécues ne nous rapporteraient-ils pas, après un séjour de quelques années au dehors, ceux qui nous reviendraient? Quand ils remonteraient dans leurs chaires, avec un horizon élargi, des idées ayant subi le contact du monde extérieur, une vision de leur pays aperçu du dehors, de quelle riche substance ne nourriraient-ils pas un enseignement qui, aux qualités de la race, ajouterait celles que donne la science des choses et des réalités? Et pour ce qui est de l'expansion de la langue, du prestige, de l'influence morale, voyez, par ce qui se passe en Ecosse, le progrès qui en pourrait résulter. Il a suffi d'y appeler quelques hommes pour que, sous l'action combinée de l'Association Franco-Ecossaise et de la leur, une impulsion nouvelle ait été donnée aux études françaises et un mouvement ait été créé qui éveille presque des jalousies.

Aujourd'hui le chiffre des inscrits au cours de langue française à l'Université de Glasgow, pour ne parler que de celle-là, qui était de 29 en 1898, est de 81 : il en est de même à Edimbourg, où le nombre des inscrits est de près de 200 ; de plus, des cours, des conférences sont donnés, sous le patronage des présidents de la branche écossaise, qui réunissent, à Edimbourg et ailleurs, un nombreux public. Des bourses ont été créées par les Sénats académiques en faveur des étudiants qui, à leur entrée à l'Université, ont passé le meilleur examen de français, et d'autres ont été mises au concours par l'Association franco-écossaise, avec obligation pour les bénéficiaires de venir poursuivre leurs études dans nos Universités ; enfin des démarches ont été faites auprès de Lord Londonderry, minister of the Board of Education, à l'effet d'obtenir que les écoles d'Ecosse n'aient plus recours qu'à des diplômés français pour l'enseignement de notre langue et de notre littérature. Ce sont là de réjouissants résultats, que nous devons, en grande partie, aux hautes influences et aux vives sympathies de Lord Glenesk, de Lord Reay, des présidents qui se sont succédé à la tête de la branche écossaise, ainsi qu'au zèle de M. Gordon, à qui j'adresse ici tous les remerciements de notre branche et de nos Comités.

Il serait d'ailleurs nécessaire, pour atteindre le but, d'user de réciprocité, et d'accueillir aussi les maîtres étrangers. Je sais bien que, par ces temps de protectionnisme exagéré, la proposition peut paraître risquée, mais le profit que tout le monde retirerait de ce système d'échanges, le pays qui recevrait et celui qui donnerait, le professeur et l'élève, est tellement évident qu'il y a lieu d'espérer quand même. Du reste, il y a des symptômes encourageants aux Etats-Unis, en Europe, chez nous. Rappelez-vous le vœu émis dernièrement par les professeurs espagnols au Congrès de Valence, les conférences que vont faire chaque année nos maîtres les plus réputés dans les Universités du Nouveau-Monde, ou bien encore l'institution de lecteurs étrangers dans les Universités de Nancy, de Dijon, de Bordeaux. Il ne s'agirait pas d'une de ces mesures générales qui ne distinguent ni ne choisissent, et de tenir sa porte grande ouverte, mais ne peut-on penser qu'une espèce d'union, de zollverein universitaire établi entre des pays qui sont au même degré de culture et ont déjà des liens de sympathie ou un même idéal, servirait à la fois les intérêts de la jeunesse et d'une commune entente ?

Voilà, Mesdames et Messieurs, l'histoire en raccourci de nos Comités de patronage.

Certes, leur œuvre est bien modeste, et leur rayon d'action bien limité. Pourtant, s'ils ont contribué, dans une mesure quelconque, à faciliter ou à étendre des rapports qui sont dans l'esprit du temps, peut-être penserez-vous, après cette esquisse rapide, qu'ils n'ont pas été tout à fait inutiles, et qu'ils méritent de conserver, dans notre organisation universitaire, la place que les membres du corps enseignant ont bien voulu leur accorder de confiance, dès la première heure.

La Conférence finie, M. Paul Mellon donne lecture de plusieurs vœux qu'il soumet au vote de l'Assemblée. Il explique d'abord que les membres Ecossais de l'Association demandent que ceux de leurs compatriotes qui désirent séjourner, à titre de répétiteurs ou de répétitrices, dans les écoles normales de France, soient autorisés à passer dorénavant à Edimbourg les examens qn'ils passent aujourd'hui à Londres ; ils disent avec raison, ajoute-t-il, qu'un jury choisi parmi les corps enseignants des Universités d'Ecosse et l'Association, offrirait toutes les garanties désirables, et qu'ainsi les frais dispendieux d'un voyage et d'un séjour à Londres seraient épargnés à des jeunes gens certainement peu fortunés. Dans l'espoir de leur faire donner cette légitime satisfaction, la branche française a, dans sa séance du 6 juillet dernier, présidée à la Sorbonne par M. Gréard et M. Liard, émis un vœu que M. Casimir-Périer a présenté au Ministre de l'Instruction publique.

En présence d'un pareil auditoire, composé de professeurs des Universités de Paris et de Grenoble, de nombreux étudiants, de notabilités politiques et des membres du meeting, le moment semble propice pour que ce vœu soit renouvelé.

Ce vœu est ainsi conçu :

« 1° Les membres présents émettent le vœu que les Ecossais ou les Ecossaises qui veulent, à titre de répétiteurs et de répétitrices, passer un certain temps dans nos écoles normales, soient autorisés à passer leurs examens en Ecosse, devant un jury choisi par le corps enseignant des Universités écossaises et le bureau de la branche écossaise de l'Association. »

Le vœu est adopté à l'unanimité.

« 2° En ce qui concerne l'Association, le secrétaire général demande qu'une plus grande place soit faite dorénavant dans les prochains meetings à l'étude des rapports qui ont existé entre la France et l'Ecosse, ainsi qu'à l'étude des influences qu'elles ont exercées et exercent encore l'une sur l'autre au point de vue de l'histoire générale, de l'art, de la littérature, de la philosophie, de l'économie politique, et que d'ores et déjà des mesures soient prises par les bureaux des deux branches pour provoquer des travaux dont lecture sera donnée dans la prochaine réunion qui aura lieu en Ecosse. »

Ce second vœu est également adopté.

« 3° Enfin, s'inspirant de ce qui s'est déjà fait en France, dans quelques centres universitaires, M. Paul Mellon exprime le souhait que des professeurs étrangers puissent, dans certains cas, être appelés à enseigner dans des Universités françaises, et que des pourparlers soient engagés par les autorités compétentes en vue d'obtenir que les semestres d'études passés dans nos Universités par les étudiants étrangers soient comptés dans le temps de scolarité exigé de l'étudiant dans son pays d'origine. »

Ce troisième vœu est lu à l'assemblée, mais n'est pas soumis à son vote.

M. le docteur Forbes, de Turnbridge Wells, expose ensuite en langue française ses vues « sur la race celtique en France ». La prenant à la période de l'histoire où elle quitte ses foyers de l'Asie-Mineure, il l'accompagne dans ses longues pérégrinations à travers l'espace et les âges, jusqu'à son établissement en Bretagne. En France, c'est la Bretagne, dit-il, qui est la place forte de la race celtique, et il parle successivement de la race, de son caractère et de sa langue. Comme l'Ecosse unie à l'Angleterre, ajoute-t-il, la Bretagne unie à la France n'a rien perdu de son individualité. Tout y manifeste la continuité de traditions qui n'ont jamais été interrompues. Pour le paysan breton, son pays est l'univers. Comme son collègue écossais, il s'est toujours montré jaloux de son indépendance et de sa liberté. Dans l'intérêt de cette race si intéressante, il serait à souhaiter que les différents rameaux se réunissent plus étroitement. L'entente cordiale serait là facile à établir.

M. Paul Meyer intervient alors pour remercier le conférencier de l'effort qu'il a dû faire pour condenser en une heure de temps un amas si considérable de faits et pour rendre hommage à sa bonne volonté et à son labeur. Il craint cependant que M. le docteur Forbes ne se soit peut-être laissé emporter un peu loin par son zèle et que la science contemporaine ne rejette quelques-unes des opinions émises. Il pense, quant à lui, que les Bretons de France sont d'anciens émigrés de la Grande-Bretagne, qui, chassés par l'invasion anglo-saxonne aux v⁰-vi⁰ siècles, ont traversé la mer pour s'établir dans la péninsule à peu près déserte, appelée alors Armorique, et qui depuis, de leur nom à eux, s'est appelée Bretagne, tandis que l'Ile, pour en être distincte, a été appelée plus tard Grande-Bretagne.

Les savants modernes sont en effet d'accord pour reconnaître que les langues celtiques encore parlées se partagent en deux branches : 1° la branche gaélique, qui se subdivise en trois dialectes : l'irlandais, le gaélique ou erse, qui est parlé en Irlande et en Ecosse ; le mannois, en anglais « manx », parlé dans l'île de Man, et maintenant à peu près éteint ; 2° la branche bretonne, quelquefois appelée, depuis quelques années par certains savants, du nom nouveau de brittonique, et qui se subdivise en trois dialectes : le gallois (welsh), du pays de Galles ; le cornique, éteint au xviii⁰ siècle ; le breton d'Armorique, porté de la Grande-Bretagne en Gaule par des émigrants bretons, au v⁰ siècle, lors de l'invasion anglo-saxonne, de sorte que nos Bretons de France ne peuvent aucunement être considérés comme les descendants des anciens Gaulois.

Le savant directeur de l'Ecole des Chartes dit tout cela d'une façon claire et précise, et l'assistance lui prouve par ses applaudissements chaleureux qu'elle l'a bien compris et qu'elle le remercie d'avoir donné par sa parole érudite à cette intéressante question d'origine toute la netteté désirable.

Avec M. Besson nous revenons à un sujet d'actualité. Le savant professeur de littérature étrangère à l'Université de Grenoble nous parle des cours étrangers qui s'y font. Le charme de sa parole élégante fait vite oublier à ses nombreux auditeurs la fatigue bien naturelle qu'ils ressentent après les deux longues conférences précédentes, et c'est avec l'attention la plus soutenue qu'ils le suivent à travers les détails de cette organisation si nouvelle et si pleine de promesses :

Mesdames et Messieurs,

On m'a prié de vous exposer la genèse de l'organisation de nos cours d'étrangers, ouverts ici il y a six ans, et qui constituent, à coup sûr, l'un des traits les plus originaux de l'Université de Grenoble. A parler franc, je crains fort que cet exposé ne vous semble aride et peu intéressant ; mais j'ai donné ma parole : il faut donc que je m'exécute. D'ailleurs, rassurez-vous : je serai aussi bref que possible.

Toute œuvre, quelle qu'elle soit, importante ou modeste, a pour point de départ une idée première conçue par un homme d'initiative. Si je devais désigner celui qui a conçu l'idée première de nos cours d'étrangers grenoblois, je crois que je ne ferais do tort à personne en nommant M. Paul Mellon, le très distingué secrétaire général de l'Association franco-écossaise, que nous avons le plaisir de voir aujourd'hui parmi nous. C'est lui — si je suis bien informé — qui, d'accord avec M. Michel Bréal, l'éminent linguiste et professeur au Collège de France, et par l'intermédiaire d'un de nos collègues les plus dévoués, M. Hauvette, professeur de littérature italienne, suggéra tout d'abord à notre corps universitaire l'idée de créer des cours de vacances pour les étrangers. C'est donc à M. Paul Mellon, en tout premier lieu, ainsi qu'à M. Michel Bréal, que va l'expression de toute notre gratitude. Ceci se passait à Pâques de l'année 1898.

A vrai dire, avant que l'organisation actuelle fût ébauchée, avant même que personne y songeât, nous avions des étrangers à notre Université. Notre Faculté de droit comptait depuis plusieurs années parmi ses étudiants des Egyptiens et d'autres jeunes gens originaires des pays de l'Orient. D'autre part, au mois de novembre 1890, un jeune étudiant allemand, originaire de Halle, venu à Genève pour y apprendre le français, et obéissant à je ne sais quel esprit aventureux, résolut de pousser plus loin et d'explorer les régions inconnues situées au sud-ouest de la frontière helvétique. Il découvrit Grenoble et annonça à ses compatriotes étonnés qu'on y entendait un

français aussi bon ou du moins (soyons modestes !) presque
aussi bon qu'à Genève ou à Lausanne. Jusque-là il semblait
entendu en Allemagne qu'on ne pouvait apprendre le français
qu'en Suisse : erreur déplorable qui a été enfin dissipée.
J'aime beaucoup les Suisses et serais désolé de leur faire du
chagrin ; mais enfin je dois à la vérité de dire que ce n'est
pas chez eux qu'on parle le français le plus pur. Cet étudiant
erratique avait été suivi de quelques autres, Allemands, Italiens, Américains. Mais l'Université ne faisait rien pour eux,
se contentant de leur ouvrir les cours destinés aux étudiants
français, et sans se douter des avantages qu'elle-même et le
pays tout entier pouvaient retirer de cette clientèle nouvelle
qui s'annonçait. Ce furent M. Mellon et M. Bréal qui nous y
rendirent attentifs.

L'idée était trouvée ; restait à la mettre à exécution. Rien
de plus simple, pensez-vous. Il y a quelqu'un ici qui, mieux
que personne, pourra vous dire si l'idée a été si facile que cela
à mettre à exécution. C'est M. Marcel Reymond, le si dévoué
président de notre Comité de patronage, qui a été à l'œuvre
depuis la première heure et nous a prodigué sans compter son
temps et sa peine. Il vous dira — ou plutôt, non, il ne vous
dira pas — combien de démarches il fallut faire, combien de
résistances il fallut vaincre, combien d'incrédules il fallut
convertir pour mettre sur pied une première ébauche de notre
organisation. Il fallait proprement faire quelque chose avec
rien du tout, car tout manquait : l'expérience, les traditions,
et — ce qui n'est pas moins nécessaire pour le succès d'une
entreprise quelconque — le nerf de la guerre ; à tout cela il
fallut suppléer par notre bonne volonté. Nous n'avions aucune
idée de l'organisation qu'il convenait d'adopter ni des méthodes qu'il était à propos de mettre en pratique. Aussi nous
dûmes procéder par tâtonnements et nos débuts furent absolument empiriques. Peu à peu nous nous rendîmes compte que
tel enseignement était plus utile, tel autre moins, et nos cours
graduellement se développèrent et se complétèrent.

Tout d'abord il fallut convaincre nos propres collègues de
l'opportunité de faire quelque chose pour attirer les étrangers
chez nous. Je ne vous dissimulerai pas que certains étaient au
début tout à fait sceptiques. Je me rappelle très nettement l'un
d'entre eux — et je vous prie de croire que ce n'était pas le
premier venu — qui me disait : « Mais ce que vous essayez de
faire là, ce n'est pas de l'enseignement supérieur, ce n'est

même pas de l'enseignement secondaire, c'est de l'enseignement primaire. » Va pour l'enseignement primaire ; en tout
cas, voilà un enseignement primaire qui a joliment fait son
chemin, et qu'on s'est empressé de faire monter en grade, une
fois qu'il a réussi ; car il n'est rien de tel que de réussir. Le
succès de nos modestes débuts dessilla bien des yeux, et une
fois qu'elle eut fait ses preuves, l'organisation nouvelle
trouva l'appui le plus chaud et un concours dévoué chez
ceux-là mêmes qui au commencement étaient restés sur la
réserve.

Il fallait ensuite que l'organisme nouveau prît corps, qu'il
fût représenté par quelque chose de vivant et de palpable. Ici
on n'eut qu'à s'inspirer des excellents conseils de M. Paul
Mellon. Le Comité de patronage des étudiants étrangers de
l'Université de Grenoble fut constitué. Nous eûmes la bonne
fortune de pouvoir placer à la tête du Comité un homme
éminent dans la cité, qui nous servit pour ainsi dire de répondant auprès de la population grenobloise. J'ai nommé
M. Marcel Reymond qui, depuis la première heure, fut l'âme
de toute l'œuvre. Un bonheur ne vient jamais seul, dit le proverbe : nous eûmes une autre bonne fortune. Ce fut de voir
notre initiative approuvée et encouragée par le Ministère de
l'Instruction publique. M. Liard, directeur de l'enseignement
supérieur, ne se contenta pas de nous encourager d'une manière platonique, par de bonnes paroles — choses flatteuses,
mais fugitives et peu consistantes — il nous accorda encore
une subvention en bonnes espèces sonnantes et trébuchantes,
marque d'intérêt solide dont nous sentîmes tout le prix. M. le
Directeur fit pour nous plus et mieux : le décanat étant devenu vacant à ce moment, M. le Ministre de l'Instruction publique, sur sa proposition, confia les fonctions de doyen à un
homme qui, avec un dévouement de tous les instants, un zèle
vraiment inimitable et presque décourageant pour ses collègues (tant ils peuvent peu espérer l'égaler), s'est consacré
tout entier à cette œuvre des étudiants étrangers. Sans l'activité inlassable et l'abnégation de M. de Crozals, le succès
n'aurait été ni si rapide ni si complet.

De son côté, la municipalité de Grenoble, qui n'a jamais
marchandé à l'Université le concours le plus généreux, avait
précédé l'Etat dans la voie des libéralités, et contribua puis-
samment à nous aider à subsister. Enfin, pour compléter la
liste de nos bonnes fortunes, nous eûmes la chance de voir à

la tête de notre Académie des recteurs qui comprirent l'intérêt et l'importance de notre entreprise, depuis M. Zeller, qui
aida à mettre la machine en branle et employa sa haute
autorité à vaincre mainte hostilité et mainte prévention, jusqu'à M. Joubin, notre recteur actuel, qui, avec une bonne
grâce parfaite et un dévouement que nous ne saurions assez
reconnaître, nous donne chaque jour tant de preuves de son
précieux intérêt, sans oublier M. Benoist, qui, pendant son
trop court passage à Grenoble, nous prodigua les conseils et
les encouragements, ni M. Boirac qui, après avoir été transféré
de Grenoble à Dijon, nous fit la grâce de transplanter tout
notre organisme, jusque dans ses moindres détails, dans sa
nouvelle Académie. Pouvait-il mieux nous montrer qu'il avait
su l'apprécier et pouvions-nous souhaiter un témoignage plus
flatteur et moins suspect ?

Le Comité de patronage constitué, il fallut trouver une
méthode de travail et des procédés d'enseignement. Je vous
avouerai qu'au début ce dernier point ne laissa pas de nous
embarrasser quelque peu. Et, par le fait, ce n'était pas chose
aisée que de professer des matières en somme assez nouvelles, pour plusieurs d'entre nous à tout le moins, devant des
auditeurs dont beaucoup étaient déjà des maîtres, et dont plus
d'un aurait pu sans désavantage monter en chaire à notre
place. Nous étions assez bien préparés à enseigner, qui la
philosophie, qui l'histoire, qui les diverses littératures anciennes ou modernes à des Français ; nous ne savions absolument pas comment il fallait s'y prendre pour enseigner avec
le plus de profit possible la langue française à des étrangers. Il
n'est rien de tel, dit-on, que de se jeter à l'eau pour apprendre
à nager. Nous nous jetâmes donc bravement à l'eau et nous
eûmes l'agréable surprise de voir que nous savions nager,
j'entends que nous n'étions pas trop maladroits dans l'art
d'enseigner notre langue maternelle à tous ces Allemands, ces
Italiens, ces Américains, ces Russes, ces Écossais, ces Anglais
qui vinrent nous demander de les initier aux finesses de la
langue française et de leur ouvrir les trésors de notre littérature. Par bonheur, nous eûmes d'ailleurs d'excellents
maîtres : ce furent nos élèves, qui ne manquèrent pas de nous
donner les conseils les plus judicieux et de nous exprimer
leurs desiderata. Ainsi l'organisme, d'abord rudimentaire, se
développa et se compléta. Les cours de vacances, inaugurés
en juillet 1898, furent le germe d'où sortit un enseignement

régulier et méthodique de la langue et de la littérature françaises qui se prolongea pendant l'année scolaire tout entière.
D'abord nous n'offrions à nos auditeurs étrangers, en dehors
des cours et conférences ordinaires, que des exercices écrits
et oraux de traduction de leur langue maternelle (allemand,
anglais, italien, espagnol, roumain) en français. Peu à peu
vinrent s'y ajouter des conférences de lecture expliquée, des
corrections de compositions françaises, de petites leçons et
expositions orales faites par les élèves eux-mêmes. L'un
d'entre nous, qui s'était jusque-là surtout occupé de langue et
littérature grecques, s'aperçut qu'il était né phonéticien et
n'hésita pas à faire un cours de phonétique qui fut, ma foi,
fort goûté. Un autre appliqua son esprit lucide et net à com-
menter pour nos auditeurs les règles un peu compliquées de
notre syntaxe, en les expliquant par l'histoire de la langue.
Un autre encore eut l'idée de systématiser l'enseignement
qu'il donnait sous forme de lectures expliquées et d'en tirer
un cours de lexicologie et de sémantique françaises. D'autres
firent des cours de littérature et eurent soin d'emprunter leurs
sujets de préférence à la littérature contemporaine, afin de
bien montrer à nos étrangers ce qu'est la France d'aujour-
d'hui, la France au milieu de laquelle ils viennent passer
quelques semaines ou quelques mois. Bref, on se débrouilla
le mieux qu'on put et chacun chercha à se rendre utile dans
la mesure de ses forces. Et l'entreprise réussit ; nous eûmes la
joie profonde de voir nos cours de plus en plus fréquentés, si
bien que, pendant l'année scolaire 1902-1903, la Faculté des
lettres a vu près de 200 étudiants étrangers s'immatriculer
chez elle et que les cours de vacances de cette année comptent
déjà 325 inscriptions. La Bible ne dit-elle pas : « Croissez et
multipliez » ?

Parmi ces hôtes passagers, de tout âge et de toute nationa-
lité, qui viennent étudier chez nous notre langue et notre
littérature, il en est qui sont particulièrement chers à notre
cœur : c'est vous, Messieurs les Ecossais. Nous voudrions vous
voir arriver parmi nous en nombre de plus en plus considérable. Déjà, grâce à l'initiative d'un des vôtres — Ecossais au
moins d'adoption — M. Saroléa, professeur à l'Université
d'Edimbourg, des liens particuliers rattachent Grenoble à
l'Ecosse ; l'année dernière, un Ecossais a été admis dans notre
corps enseignant comme lecteur de langue anglaise, et une
jeune Ecossaise le remplacera pendant l'année scolaire qui va

s'ouvrir. Nous sommes très reconnaissants à M. Saroléa de la mesure qu'il a si heureusement provoquée et souhaitons de voir se resserrer de plus en plus les liens de bonne entente entre notre Université et les vôtres.

L'enseignement de l'Université est fort heureusement complété par l'accueil que nos étrangers trouvent dans un certain nombre de familles de Grenoble, universitaires ou autres. L'hospitalité dauphinoise ne vaut sans doute pas l'hospitalité écossaise, mais enfin elle n'est déjà pas si méprisable. Nos étudiants et étudiantes sont reçus dans mainte maison ; plusieurs dames leur ouvrent leur salon, les invitent à leurs réceptions et encouragent leurs débuts dans la conversation française. Je vous assure que ce ne sont pas, pour nos jeunes gens, les heures les moins profitables et qu'ils savent fort bien apprécier les avantages de cette heureuse initiative, à laquelle on voudrait seulement voir s'associer un plus grand nombre de personnes de la ville. Mais grâce au dévouement de quelques-uns — ou plutôt de quelques-unes — nos étudiants ont ainsi l'occasion de   ercer à parler. Non seulement ils acquièrent de la sorte l'aisance dans le maniement de la langue, mais encore ils se rendent compte de ce que c'est que la vie de famille en France, dont bien souvent on se fait à l'étranger une idée si peu avantageuse et si fausse. Je vous assure que ces réunions amicales, ces causeries sans façon ont dissipé mainte prévention dans des esprits droits, mais mal informés, et que les dames qui reçoivent nos jeunes étudiants travaillent à leur façon, et plus efficacement qu'on ne saurait croire, à la bonne entente entre les peuples.

La Faculté de droit n'a pas voulu rester en arrière de la Faculté des lettres : elle a institué, à l'usage des étudiants allemands, des cours spéciaux, dont l'un est professé en langue allemande par l'un des jeunes maîtres les plus distingués attachés à notre corps enseignant. L'Université a de plus obtenu qu'un semestre au moins passé à Grenoble fût compté dans le *triennium* exigé des jeunes Allemands pour pouvoir se présenter à l'examen d'Etat. En venant passer quelques mois chez nous pour se perfectionner dans la pratique de la langue française, ces jeunes gens ne se trouvent donc retardés en rien dans leur carrière.

Ces études juridiques ne comportent d'autre sanction qu'un certificat de présence. Il en est autrement des études de langue française proprement dites. Afin que nos auditeurs pussent emporter un témoignage de leurs connaissances et de leurs progrès, l'Université a institué à leur usage trois diplômes différents : d'abord un examen élémentaire, le *Certificat d'Etudes françaises* ; à un degré au-dessus, le *Diplôme de hautes Etudes françaises*, dont l'une des épreuves a le caractère d'un travail personnel fait à loisir, et enfin le *Doctorat de l'Université de Grenoble*, qui est décerné par les trois Facultés de Droit, des Sciences et des Lettres.

Nous ne sommes pas d'ailleurs assez outrecuidants pour nous figurer que notre organisation est parfaite. Nous sommes parfaitement convaincus qu'elle peut encore être corrigée et complétée sur plus d'un point, et nous vous serions reconnaissants à tous, Mesdames et Messieurs, si vous pouviez nous suggérer quelque réforme ou quelque perfectionnement.

Mais je m'aperçois qu'après vous avoir promis d'être bref, j'ai au contraire été long. J'espère que vous ne m'en voudrez pas trop et je compte sur votre indulgence pour me pardonner.

D'unanimes applaudissements accueillent la péroraison de cette conférence si claire et si intéressante, et la séance est levée.

Dans l'après-midi, quelques délégués, Lord Reay, M. Bayet, M. Joubin, M. Marcel Reymond, M. Paul Mellon, se rendent à l'Hôtel-de-Ville, où le Maire les reçoit.

Lord Reay exprime au représentant de la cité les sentiments de gratitude de ses compatriotes. « Au moment où nous allons quitter Grenoble, dit-il en substance, j'ai tenu à vous remercier de l'excellent accueil fait à la branche écossaise et des réceptions organisées en son honneur. Nous emportons tous de ces témoignages de sympathie le meilleur des souvenirs. Permettez-moi de vous remettre, de la part des membres Ecossais de l'Association, pour les pauvres de Grenoble et du Bourg-d'Oisans, cette somme de cinq cents francs qui n'est qu'un bien faible témoignage des sentiments de gratitude qui nous animent. »

A trois heures, nous nous retrouvons à l'Université, pour entendre M. Baldwin Brown, qui doit traiter des influences réciproques de la Grande-Bretagne et de la France au point de vue artistique.

L'érudit professeur de l'Université d'Edimbourg expose d'abord la parenté de l'art gothique en France et en Angleterre, et reconnaît que le second est issu du premier ; il parle aussi de l'influence exercée par la France sur l'architecture civile d'Ecosse au temps des Stuarts. D'une façon générale, dit-il, l'Angleterre et la France se complètent au point de vue artistique, et l'influence réciproque qu'elles ont exercée l'une sur l'autre a été bienfaisante pour les deux pays. Il y a pourtant entre les conceptions qu'elles se font de l'expression de la pensée par la forme des différences sensibles : en France, l'artiste met au service de son art une technique plus savante, une main mieux exercée. Il est surtout un homme de métier, c'est un professionnel, et dans ses œuvres on retrouve toujours l'influence de l'Académie et de l'école. L'Anglais, lui, n'est le plus souvent qu'un amateur de génie ; l'habileté de main lui fait défaut, mais il a plus de personnalité, de sentiment et d'idéal ; le talent s'y donne plus libre cours et y est moins conventionnel.

Voici d'ailleurs le texte anglais de la conférence intitulée : *Artistic relations of France with Great Britain*, et tel qu'il a été adressé à M. Gordon plusieurs semaines après le meeting.

Ladies and gentlemen.

The artistic relations of France and Great Britain form a familiar subject of discussion, In such discussion it has been commonly assumed that where one people has influenced the other, Britain has been the borrower. It is not that France has herself made any claim to preeminence, but rather that Britain has ignored her own artistic originality, and made her neighbours responsible for much of her achievement. The result, however, has been that, until quite recently, British art has occupied a subordinate position by the side of her stately rival.

In what follows an endeavour will be made to exhibit these artistic relations as reciprocal, involving influence of England upon France, as well as influence exerted in the opposite direction. It will be suggested, moreover, that such artistic reciprocity is in the highest degree beneficial to both parties concerned, and that French art and British are complementary one to the other, each possessing characteristics that the other lacks. It is, indeed, their very difference that makes the action and reaction of the one upon the other so helpful to artistic progress. Before it is possible, however, to discuss the whole question in its general bearings, we shall need to clear out of the way one or two traditional, but now discredited notions as to the artistic debt owed by Britain to her friend over the sea.

To understand how these notions came to be accepted, we must take account of a British peculiarity, which has coloured a good deal of what has been written by the islanders about their own artistic history. The British, like the Romans of old, affect a certain contempt for the æsthetic side of life, and have been quite content to pay other people to do their art for them. In the case of the art of painting this has been the rule during a long period of island history. For more than two centuries before the rise of the English school of painting in the eighteenth century, the practice of the art had been almost entirely dominated by aliens, among whom the most prominent figures are those of Holbein and Vandyck. The consciousness of this fact in the minds of British writers made them inclined to exaggerate the activity of the foreigner, and to see his hand in almost all the artistic operations of the mediæval and Renaissance periods. We are often, for example, told in Scotland that the fishing villages round the coast of Fife on the shores of the Firth of Forth have a Dutch character. As a fact these fishing villages are all built of stone, a material very little seen in Holland, where the houses are of brick or wood ; and the characteristic Scottish forms, the outside stairs, the L shaped plans, the corbie-gables, have nothing Dutch and nothing foreign about them. The Scottish work is charmingly picturesque, and to the British mind this fact alone is sufficient to show that it must be of foreign origin !

There are, however, to be noticed more serious misapprehensions than this.

It was at one time an article of faith with some English writers, that all that is best in English Gothic architecture was an importation from France, but more recent investigators are unanimous in affirming the essential independence of the insular style. The original inspiration of Gothic art is undoubtedly French. Next to Jeanne d'Arc, France has produced nothing more precious to humanity than the spiritual movement of the twelfth century, one of the outcomes of which was the Gothic cathedral. It was a movement which began to awaken the European mind from the long sleep of the ages of authority. Feeling was stirred by the new impulse of chivalry ; thought at once inspired and disciplined by scholasticism ; the active powers focussed on the ideal enterprise of the Crusades. In human character, the age expressed itself in the heroic and tender figure of St Louis ; in art it embodied its spirit for all after-time in the architecture and sculpture of the great bishops' churches of the thirteenth century.

The movement began in France, and in France it achieved its most splendid monumental results. The inspiration of English Gothic, as of the Gothic of Germany and Spain, was unquestionably French, yet the movement when once started worked itself out in England upon almost purely English lines. This is proved by the fact that not only the spirit, but the detail of insular Gothic is quite unlike what we find in France. Only one English Gothic building of the first rank, the abbey church of Westminster, is French in general design, and at Westminster, as almost everywhere else, the detail is characteristically British. The choir of Canterbury Cathedral, the rebuilding of which was begun late in the twelfth century by a French master builder, had at first a Gallic character, but the continuation of the work shows it gradually conforming to a more normal English pattern. English plans, English systems of construction, English mouldings and foliage sculpture, all differ from those in use in the original home of Gothic, the central districts of France.

Turning now from England to Scotland, we find in like manner that a very large claim has been made for French architecture as the source of characteristic Scottish forms. It is not Scottish churches so much as the castles and mansions that come here into question. These castellated dwellings, that figure so largely in the architectural history of Scotland, have been commonly regarded as in large measure importations from France. The well-known architectural work of Billings, on the mediæval and Renaissance monuments of Scotland, is pervaded by the notion that in general design and in smaller features Scottish castles and mansions are formed on foreign models. The more recent and far more complete and elaborate works on the same subject by Messrs Mac Gibbon and Ross* contest this theory at almost every point. These writers show, what is indeed obvious, that buildings erected in the same age for similar purposes in neighbouring lands must almost necessarily possess a family likeness. This like-ness exists among the castellated structures of France and England and Scotland, but does not necessarily imply that there was any direct borrowing of designs.

Characteristic features, such as the projecting angleturrets so common in old Scottish buildings, can be seen taking form out of earlier and simpler elements that belong to the stock-in-trade of the native builder. They were not imported ready-made from France, but grew up naturally on Scottish soil.

The barrel vaults of stone, often of pointed section, common in Scottish churches and castles, may at first sight appear like importations from the central and southern districts of France, but they are really natural consequences of the fact that Scotland has been all along a stone-building country. This fact too, rather than any Provençal connection, may be held to explain the external roofs of stone which in Scotland

* « The Castellated and Domestic Architecture of Scotland. » Edinburgh, 1887, etc.

« The Ecclesiastical Architecture of Scotland. » Edinburgh, 1896-97.

lie immediately over, and form the actual extrados of, the internal vaults. This is a well-marked peculiarity of churches in the south of France, but it is not likely, that in this, France exercised any direct influence over the northern kingdom. The French work in question belongs mainly to the twelfth and thirteenth centuries ; that of Scotland to the fifteenth and sixteenth, so that chronology is againts any direct derivation.

Hence Scottish domestic architecture is no more French in its general character than is English ecclesiastical architecture. In both cases we have to deal with a national form of art and not a foreign importation. The assertion of this general principle, however, need not preclude our recognition of a debt owed by our native architecture to the foreigner ; that is a very real debt, though one not so extensive as popular tradition holds it to be. In the case of English Gothic, as we have seen, the original impulse came from across the Channel, though the style developed on native lines and became less and less French as time went on. This original impulse is of course of incalculable importance. If the Gothic style had not been created in the central regions of France in the last half of the twelfth century, there might have been no Gothic architecture at all. It is all very well to say that Gothic was ' in the air ' — that if the French builders of Picardy and the Ile de France had not evolved the scheme of it, some other set of builders in some other region would have done the same thing. This is a mere hypothesis without a shadow of proof, and affords no ground for diminishing in the smallest degree the French achievement. Mediæval architecture in general, and especially the mediæval church architecture of England, owes a debt to France that can never be fully estimated.

The case of Scottish castellated architecture is somewhat different. Here the origin of the style was native. There was a certain amount of borrowing from the military architecture of Norman England, but on the whole the Scottish fortified house and castle grew up naturally on Scottish lines, and in accordance with Scottish circumstances and needs. In some of the later phases of this architectural development, foreign influence does, however, make itself felt. In the time of the Stuart kings of Scotland, when the political and social connection of that country with France was so close, an architectural connection was also established; and there is a class of Scottish castles and palaces of the sixteenth century that is undoubtedly influenced by contemporary châteaux on the Loire. In the case of two great Stuart monuments — the palaces at Stirling and at Falkland — there are details which are distinctly borrowed from abroad, and which betray in some instances the actual hand of the foreign craftsman. We know as a fact, from surviving official documents, that the Stuart kings employed French master-masons, and Messrs Mac Gibbon and Ross believe that ' the distinct character of the buildings erected by the French master-masons seems to show that these structures were designed as well as executed by them. ' '

Independently also of these instances of distinct French design and workmanship, it is probable that intercourse with France did influence the general fashion of Scottish building. As we have seen already, the characteristic Scottish forms such as the angle turrets and the barrel vaults and stone-slabbed roofs, were native and not imported elements, yet the vogue which they enjoyed in Scotland may be partly due to the fact that they were also used in France, and became familiar to those who resided any time in that country. The fact remains, at any rate, that the late mediæval domestic work of Scotland does in many respects resemble that of France, while it is strikingly unlike contemporary work in England. The elements of the Scottish style may be of native origin, but the predilection for certain features and their constant repetition must be due in large measure to the familiarity of the Scottish eye, during the Stuart period, with similar features in the friendly land of France.

No more need be said on the specific question of the architectural debt of mediæval England and Scotland to France. We will turn now to the more general question of the characteristics of French art and English art taken each as a whole, and to their relations in the more modern times in which we live.

These relations, let it be again repeated, are reciprocal, and they have been on both sides fruitful for good. This is due in large measure to the fact that French art and British art are so different. The French in all their artistic production have

' " Castellated and Domestic Architecture of Scotland, " v. 540.

been consistent, logical, and workmanlike; the British experimental, and at times amateurish. The French never fall below their own level, the British are capable of original and brilliant achievements, but are often weak and uncertain both in aim and practice. It is in virtue of these opposite qualities that French art and British art have exercised on each other such a salutary influence, and these qualities are based on certain ethnical endowments about which a word may fittingly be said.

French art is strong for two main reasons, both of which are connected with the national disposition as a whole. One reason is that in France all classes of the community, from governments downwards, have taken art seriously, and looked upon it as one of the businesses of life. Hence educational facilities of an ample kind have been provided both by the State and by private agencies, and have been brought within the reach of the humblest citizen. The citizen on his part has recognised in art an honourable, if not necessarily a lucrative, career, and the way has thus been smoothed for the first steps in art of the young aspirant.

Another and a deeper reason for the uniform strength of French art is to be found in the logical faculty and power of patient, systematic labour, which in the Gallic temper co-exist with the most generous ardour, and a restless determination to excel. Clear-Sighted and a lover of what is definite, the French artist sees before him his end, and pursues it with a steady persistence. Well instructed, and gifted with an inborn reverence for tradition, he suits his means to the end in a spirit of method that generally results in a work of flawless technical merit. The resulting product may be cold and lifeless and conventional, or may be instinct with the fire of true genius. In any case, whatever be its higher artistic qualities, it will exhibit a professional soundness in technique and an air of certainty, of style, that will always secure for it respect and admiration.

In Britain, on the contrary, art has greatly suffered from the indifference towards it of the serious and practical members of the body politic. In accordance with this official neglect of art in the higher circles in Britain, we find the ordinary citizen, the British paterfamilias, ignoring or opposing art as a career for his son. A self-respecting English or Scottish father has excluded art from the list of reputable callings, and as a consequence the young aspirant, who has had to find his way into the profession as best he could, has too often missed that systematic technical training of which the French practitioner takes so full an advantage.

One of the greatest deficiencies in the art of Britain has been the absence of a sound technical tradition, especially in the matter of oil-painting. Some of the most gifted of the masters of the British school, such as Reynolds and Turner, with others of less rank, like Etty and Sir George Harvey, have blundered in their work to such an extent that much of it has already passed out of existence, or if it still remains it is only a wreck of its former self. In the equally important matters of figure-drawing and composition, and all that goes to the ' making up of a picture, ' British artists have shown a corresponding weakness. Each master has had to find out his method for himself, instead of basing his efforts on an established technical tradition.

These then are some points in favour of art in France. Governments and public opinion are on its side. The ordinary citizen, who has sons to educate, contemplates art as a serious career to a lad of parts, and the community provides excellent means of education. Above all, a youth who has embarked on an artistic career is sustained therein by the high standard of effort in his profession. Such generous ambition as he may possess receives a constant stimulus, and all the influences about him are in favour of his achievement.

In this comparison, dealing with the position of art in the two countries, the advantage may seem to lie entirely on the side of France, but this is not quite the case. A sound tradition, an assured technique, Government patronage, encouragement on the part of the public, may stimulate and direct practice, but at the same time may tend to repress individuality and stiffen practice into academic formalism. On the other hand, the personal, experimental character which belongs to British art is a source of strength as well as of weakness. It gives to our insular work variety, life, animation. The British artist has stamped his achievement with the impress of his own individuality. It is only through the bold assertion of this individuality that he has been able to make himself an artist at all, and in all his after-career he is working from his personal inspiration rather than upon any established system. Hence his successes have sometimes been brilliant, and even his partial failures may have about them a fascination and interest, so often absent from the correct though uninspired productions of an academy.

The art of a people so thorough and systematic as are the French will tend at intervals almost necessarily to stiffen into academic formalism, and needs from time to time a quickening of life. The Prix de Rome, with the Villa Medici and all the apparatus of State patronage, form in one sense a noble institution, and are a worthy testimony to that serious care for art for which France is so distinguished, yet some of the very first masters of modern French painting spent a good part of their lives in a contest with the ideas and the practice which had become in this way orthodox.

The German historian of modern painting, Richard Muther, says that ' the English are the progressive party in the history of modern art'; the French and Germans are the conserva- ties. ' * This is so far true that in those periodical revolts against an artistic and literary orthodoxy that had degenera- ted into formalism, which have taken place both in France and Germany, the party of reform has found inspiration and help in Britain. Almost all the innovators, who have from time to time vivified the practice of painting in France, have derived support from the fresher, less conventional practice of the English and Scottish artists. French artists and writers on art have been always ready to acknowledge this debt to British painting, and in their generous praise have often accorded British painting somewhat more than its due. Not long ago M. Besnard wrote in the English periodical ' The Studio ' ** of British painting in terms that seem almost extra- vagant. ' We knew nigh nothing, ' he says, ' of its existence until the return of the Bourbons towards 1815. The effect was immediate, and its success prodigious. These painters, for whom drawing was but secondary to their colour, troubled our own artists deeply.... The austere elegance of our portrait- painters was submerged, our subject-painters entirely changed their style ; it was a complete defeat for us and a new victory for the English, which almost changed the character of our national art. But it only modified it by introducing fresh ele-

* « The History of Modern Painting, » English translation, London, 1895, i. 17.

** Vol. i., 1893, p. 75.

ments, which had the effect of creating in us new individuality. We might even say that it gave birth to Delacroix and the Romantic School of 1830. '

Some very interesting contemporary testimony to the influence of British Art in the first decades of the nineteenth century is conveyed in a letter written from England by Theodore Géricault to Horace Vernet, ' in which this leader of the romantic movement in French painting describes the effect produced on his mind by the exhibition of the Royal Academy in London in the year 1822.

Je disais, ' writes Géricault, ' il y a quelques jours, à mon père qu'il ne manquait qu'une chose à votre talent, c'était d'être retrempé à l'école anglaise, et je vous le répète parce que je sais que vous avez estimé le peu que vous avez vu d'eux. L'Exposition qui vient de s'ouvrir m'a plus confirmé encore qu'ici seulement on connaît ou l'on sent la couleur et l'effet. Vous ne pouvez pas vous faire une idée des beaux portraits de cette année et d'un grand nombre de paysages et de tableaux de genre, des animaux peints par Ward et par Landseer, âgé de dix-huit ans ; les maîtres n'ont rien produit de mieux en ce genre ; il ne faut point rougir de retourner à l'école ; on ne peut arriver au beau dans les arts que par des comparaisons. Chaque école a son caractère. Si l'on pouvait parvenir à la réunion de toutes les qualités, n'aurait-on pas atteint la perfection ? Cela demande de continuels efforts et un grand amour. Je les vois ici se plaindre de n'avoir pas un bon caractère de dessin et envier l'école française comme beaucoup plus habile ; que ne nous plaignons-nous aussi de nos défauts ? Quel est *ce sot orgueil* qui nous porte à fermer les yeux dessus, et est-ce en refusant de voir le bien où il est, et en répétant follement que nous sommes ce qu'il y a de mieux, que nous pensons honorer notre patrie ? Serons-nous toujours nos juges, et nos ouvrages un jour mêlés dans les galeries ne porteront-ils pas témoignage de notre vanité et de notre présomption ? Je faisais, à l'Exposition, le vœu de voir placés, dans notre Musée, une quantité de tableaux que j'avais sous les yeux. Je désirais cela comme une leçon qui serait plus

' « Archives de l'Art Français, » 1ᵐᵉ Série, tom. 8 (Documents, tom. 2), p. 189. The reference is owed to the kindness of Mr W. D. M'Kay, R.S.A.

utile que de penser longtemps. Que je voudrais pouvoir montrer, aux plus habiles mêmes, plusieurs portraits qui ressemblent tant à la nature, dont les poses faciles ne laissent
rien à désirer, et dont on peut vraiment dire qu'il ne *leur
manque que la parole.* Combien aussi seraient utiles à voir
les expressions touchantes de Wilky (*sic*). Dans un petit tableau, et d'un sujet le plus simple, il a su tirer un parti admirable. La scène se passe aux Invalides ; il suppose qu'à la
nouvelle d'une victoire, ces vétérans se réunissent pour lire
le *Bulletin* et se réjouir. Il a varié tous ses caractères avec
bien du sentiment. Je ne vous parlerai que d'une seule figure,
qui m'a paru la plus parfaite, et dont la pose et l'expression
arrachent les larmes, quelque bon que l'on tienne. C'est une
femme d'un soldat qui, tout occupée de son mari, parcourt
d'un œil inquiet et hagard la liste des morts...., Votre imagination vous dira tout ce que son visage décomposé exprime.
Il n'y a ni crêpes, ni deuil ; le vin au contraire coule à toutes
les tables, et le ciel n'est point sillonné d'éclairs d'un présage
funeste. Il arrive cependant au dernier pathétique, comme la
nature elle-même. Je ne crains pas que vous me taxiez d'an-
glomanie ; vous savez comme moi ce que nous avons de bon et
ce qui nous manque. — Tout à vous,

GÉRICAULT.

Every one knows óf the struggle fought out between the
painters of nature in France and the formalists in the first
half of the last century. The fascinating biography of Jean
François Millet by Alfred Sensier has made the general reader
familiar with the ideas and aims of the opponents of the
academic *régime* represented by the correct but lifeless art of
Delaroche. The movement which created the so-called ' Barbizon ' school, and with it a good deal of what is most characteristic in modern painting as a whole, was in its origin
largely aided by an impulse from across the Channel. In the
person of John Constable England had produced, in the first
quarter of the nineteenth century, a landscape painter of great
original genius, who rejected all academic formulas and went
straight to nature for his inspiration. The vigorous personality
of Constable expressed itself on canvasses touched with a
truth and a force till then unknown in the landscape-painting
of the time.
Several of Constable's pictures were exhibited at the Salon

in Paris in 1824, where a medal was awarded to them, and French critics recognise that their appearance was epoch-making in the history of the modern French landscape school. For example, M. Chesneau, in his book on 'The English School of Painting,' * says: 'In France Constable's pictures wrought a wonderful effect. So great was their success that our modern school of landscape is greatly indebted to him. ' There was something in the unconventional directness of the Englishman's work, its freshness, its fidelity, that sounded a new note in the ears of the somewhat *blasé*, almost over-accomplished, masters of the established school in France. The personal quality in Constable made a vivid impression, and inspired a whole company of the younger French artists to an intimate individual study of Nature in and for herself. From that impulse proceeded the Barbizon school, and this in its turn influenced the modern landscapists of Holland represented centrally by James Maris.

A more recent occasion of special moment in the history of the relations of the schools was the display of British paintings in Paris in 1855, when the art of the more modern type, with its tincture of pre-Raphaelitism, came under the notice of French painters and critics.

Each succeeding International Exhibition in Paris, in 1866, 1878, 1889, gave the opportunity to the artistic public of France to study representative collections of British painting. It was unfortunate, however, that in the last and greatest of these exhibitions, in the year 1900, the display of British art was quite unrepresentative, and was indeed overshadowed by the far more interesting collection contributed by the United States. Save in 1900, however, British art has been able to give a good account of itself in the great international shows, and it has been recognised that its unconventional *naïveté*, its feeling for colour, for poetry, for beauty, are elements of so much artistic value that the British school must be allowed to take a place side by side with the older, more professional schools of the Continent.

On the other hand, British art has been all the time learning lessons from its neighbour. The influence of the schools has been reciprocal. The more enlightened of the younger British painters have recognised their need of schooling, and

* London, 1885, p. 142.

by assimilating Gallic aims and methods they have raised their work to an altogether higher level. In the work of the Barbizon school and its daughter school of modern Holland, we see the naturalism and sincerity of which the note was given by Constable, united with a style and a mastery in technique in which insular art has been so often deficient. The best of the English painters have taken this lesson to heart.

Without losing the national quality of freshness, they have gained in breadth, in artistic seriousness, and in all that is covered by the expression 'style.' The good effect of this study of French models is not to be seen in the orthodox productions of the London Royal Academy. These remain in the mass uninspired and commonplace. But it is an entire mistake to judge the British painting to-day by the average work of the yearly exhibitions at Burlington House. Owing to circumstances into which there is no time to enter, the modern Scottish school is hardly represented in the official exhibition in London, and among some of the younger painters of the Scottish scholl of to-day we frequently find those higher artistic ideals, that seriousness of practice, which are especially encouraged by the study of good French models.

A striking illustration of reciprocity of influence between the two schools is to be found in the fact, to which only a passing reference can be made, that this very freshening of practice which French *painting* has owed to English, English *sculpture* has owed to that of France. The French sculptors of the romantic school, of whom M. Rodin is not the first in time, though he is perhaps the best known across the Channel, have exercised over English sculpture of to-day just the same vivifying influence that the painting of Constable exercised over French landscape nearly one hundred years ago. The conventional classicism of an academic type that prevailed in the English sculpture of the last generation has now given place to a phase of the plastic art far more varied, more sympathetic, more living; and for more than a decade the sculpture rooms at the Royal Academy have contained more of genuine artistic interest than the galleries devoted to pictures.

This would be the place to introduce a few words concerning present tendencies to be observed in the two schools of painting under comparison, and concerning possibilities of improvement which seem to suggest themselves to an observer.

Any discussion on this subject would soon, however, become technical, and all that can be said here is a few sentences embodying considerations that will probably have already struck those who frequent French and English exhibitions. Let us fix again before our minds the most prominent characteristics of the two schools of painting. The French we have found to be professional and systematic in their work and intensely in earnest. With the British, art is more a matter of feeling and personal genius, and there is a certain amateurish *insouciance* about much of their procedure. Now each school has the defect of its virtues, but it has also the virtues themselves, and each school in this way could teach useful lessons to the other.

The British artist carries as a rule his own humanity into his work, and just because this is amateurish it has a warmth and a geniality of feeling which the more severely professional art of the French sometimes misses. The British painter is usually a gentle and inoffensive creature, with a leaning to things which are pure and of good report. He has little capacity for displaying on an immense scale heroic scenes, or creating an imaginary realm inhabited by allegorical beings. The so-called 'grand style,' though he has from time to time essayed it, is really outside of his natural range. He makes up, however, for this limitation, by his justness of feeling and good taste in the choice and rendering of the more modest subjects he has made his own.

In France, on the other hand, the virile force, which urges forward the youthful aspirant to his arduous labours, too often causes him to forget what is demanded by the human heart. He will at times neglect the charities of life and even the decent conventions that homely, clean-living folks observe. His work then becomes hard, unsympathetic, inhuman, sometimes almost devilish, in its spirit, because the ambition of the craftsman has overpowered the more delicate and refined feelings of the man. Visitors to the yearly Salon will recognise the truth of what is here said; but putting apart the obviously unpleasing pictures just referred to, it is possible to find the same want of geniality and tenderness in a very large number of French portraits of women, and especially of children.

Anything less childlike than the normal Salon child portrait cannot well be imagined. Dressed-out, stuck-up little creatures, posing to be admired, they seem to represent that hard and unfeeling side of French painting on which something has just been said. On the other hand, the child in English painting, even if it be merely a soft and pretty doll attired after the fashion of Kate Greenaway, still keeps the child-like character to a very pleasing degree, while the children of the English masters who have really succeeded in this branch of art are incomparable. The children of Sir Joshua Reynolds, for example, or of Gainsborough, have plenty of individual character and are full of life and spirits, but how sweet and tender and attractive the artists have made them! The five heads that Reynolds painted from an English child are angelic without the wings he affixed to them, and have the same ethereal quality that belongs to the child-angels of the earlier religious artists of Italy. There is nothing in modern French or German art that can touch them. 'Infinite in tenderness, yet herculean in power,' Ruskin has said of them in words that hardly exaggerate the worth of the picture, and it merits the praise because, behind the touch of the master and the glamour of the gifted colourist, there is the genial spirit of the family life of English homes.

There are, however, far worse sins in art than the occasional hardness and unsympathetic quality complained of in the French. A worse sin — let us admit it at once — is the commonplaceness and triviality which predominate in the yearly exhibitions of the Royal Academy in London. Both in the yearly Salon in Paris and at Burlington House, the home of the Academy in London, there is very much that the sincere lover of art views with the liveliest feelings of distaste. In Paris this distaste often takes the form of disgust, but in London it is largely tinged with contempt. The horrid or licentious subjects, the huge, coarsely-daubed canvasses too common at the Salon are bad enough, but we seldom fail to find something even here to respect in the seriousnesses and ability and industry of the artist; while on the other hand the smooth prettiness, the mawkish sentimentality, the mincing execution of the popular picture at the Royal Academy make no appeal to any generous feeling in the spectator.

The truth is that the intellectual tone of the world of art in England is lower, far lower, than in France, and this makes a difference in favour of France that outweighs all that a patriotic sentiment may urge us to plead on the side of the art

8

of Britain. There exists among French artists a very high ideal of thought and feeling about their profession, which is to them a worthy end in and for itself, and is never regarded as a mere stepping-stone to wealth or social distinction. A French writer of to-day, M. J. H. Rosny, has put this ideal effectively into words, in a notice of the lives of the brothers Edmond et Jules de Goncourt[*]. He writes of ' the example they set of passionate disinterested love of art, of unselfish devotion to literature. Strong, handsome, and wealthy,' he says, ' they yet sacrificed to their work family joys, the sweetness of leisure hours, and the social advantages they might have reaped in some other field of labour. They neither of them married, and the first rays of dawn frequently found them bending over their work, as if they had belonged to those classes which earn their bread in the sweat of their brows. In point of fact, they neither derived, nor sought to derive, any material profit from their unremitting toil. '

' What then, ' M. Rosny asks, ' was the motive of so strenuous an effort ? ' He describes it as ' that love of glory, that confident hope of immortality, that determination not to live and perish entirely in their own time, which were unquestionably the principal motives of the two brothers. ' It was ' a noble idealism, and one that preserved them from all sordid temptations, and enabled them to pass unscathed through some of the most appalling phases of French history without ever losing faith in humanity ; for their conception of art was that of an incorruptible spirit, enduring from generation to generation, and dwelling on high, far above human ills and vicissitudes. '

To the British mind such a conception of art appeals in vain. To concentrate all the powers on a career of administrative duty or practical usefulness is quite in accord with insular ideals ; and the Briton can understand too absorption in the life of religion, and even in that of philosophy ; but the life of art he cannot dissociate from frivolity and self-indulgence. The poet Tennyson, who in his verses so perfectly phrased the sentiments of the average Briton, condemns in his ' Palace of Art ' just the very life that in the case of the de Goncourts M. Rosny celebrates as an ideal one.

There is no chance for art in Britain to raise itself to the

[*] *Fortnightly Review*, July 1903, p. 146.

level of art in France until a broader and more generous view
be taken as to the real work which the artist is doing for the
world. He is creating before the eyes of his fellows, in an
idealm realm, a new heaven and a new earth, the power and
glory of which are to enter into men's souls and purify and
raise them. In so doing, the artist is toiling for the spiritual
welfare of the race, just as truly as is the priest or philan-
thropist. When some inkling of this truth pierces the intellectual integument of the average Briton, then, and not till then,
shall we have an art worthy to rank with that of France.

M. Paul Mellon remercie l'orateur de son intéressante conférence, et regrette que, pris à l'improviste
par l'honneur qui lui est échu de présider la séance,
il ne puisse répondre comme il conviendrait à quelques-
unes des questions soulevées. Il se risquera cependant
à dire quelques mots, ne fût-ce que pour rappeler que
les noms des maîtres du paysage français, d'un Paul
Huet, par exemple, ou ceux d'un Puvis de Chavannes,
d'un Gustave Moreau, d'un Corot, d'un Delacroix,
d'un Millet, d'un Cazin, pour n'en citer que quelques-
uns, suffisent à démontrer ce que la thèse de M. le professeur Baldwin Brown a de trop absolu.

S'il est indéniable que l'on sent parfois chez certains
artistes l'influence et le goût de l'école, que d'œuvres
maîtresses cependant où se décèle plus que de la
technique !

Où trouver une synthèse plus large de la vie, plus
de liberté d'inspiration, plus d'émotion en face de la
nature, et plus d'effort passionné pour en pénétrer
le mystère ?

Que Géricault, qui était chef d'école et initiateur
d'un mouvement révolutionnaire, ait été sévère pour
ses contemporains, cela se comprend par les nécessités

de la lutte où il était engagé et l'importance de l'enjeu qui en était le prix. Son œuvre était discutée, et son tableau du *Naufrage de la Méduse* n'avait pu triompher du parti pris de la foule. Découragé et incompris, il avait dû aller en Angleterre pour y goûter le plaisir de la gloire et gagner quelque argent. Il y séjourna deux ans et demi. Mais tout cela n'est qu'un accident, qu'un épisode de la bataille engagée, et il suffit, semble-t-il, de considérer tout le développement de la peinture française depuis David, avec son Marat gisant ensanglanté dans sa baignoire, ses admirables portraits de Mme Récamier, du général Gérard, de Pie VII, et les principes de l'enseignement qu'il donnait à ses élèves, pour être amené à penser que l'art français, tout en ne se claquemurant pas, portait dans ses flancs assez d'énergie vitale pour s'affranchir par son propre effort, et par le fait de son évolution naturelle, des bandelettes officielles et des formules d'école.

Que M. Baldwin Brown me permette donc de lui dire que non seulement l'art français est, dans son vaste ensemble, un art qui n'est ni réglementé, ni asservi à des formules officielles, mais qu'il est, au contraire, un ferment de vie qui, par son influence, exerce parfois une action féconde et régénératrice, ainsi que le constatait naguère, à propos de l'exposition de St-Louis, le comte Harry Kessler dans la revue berlinoise *Kunst et Kunstler* (1).

(1) « Les plus hauts dignitaires de l'Empire allemand, disait-il entre autres choses, semblent s'être entendus pour anéantir les artistes personnels, afin de faire place à ceux de la masse. Il s'agit

Ce que l'on peut dire seulement, c'est que le sentiment artistique s'appuie, chez l'artiste français, sur la connaissance approfondie du métier, et cela avec raison, car la technique et la science du métier sont la condition même de l'expression complète de la pensée et du sentiment.

Après cette excursion dans le domaine de l'art en général, nous parcourons ensuite, avec M. Marcel Reymond, l'histoire de l'art en Dauphiné ; s'aidant de nombreuses projections, il expose son sujet avec feu et conviction, et c'est un voyage charmant qu'il nous fait faire à travers les merveilles architecturales de toute la région du Sud-Est.

Lord Reay se fait l'interprète du sentiment d'admiration qu'éveille chez tous la vue des monuments semés par la main du temps sur notre territoire, et exprime de nouveau sa reconnaissance pour les services que peut rendre à la bonne entente entre la France et l'E-

---

donc de réagir contre ce mouvement, d'assurer aux artistes de talent toute liberté, et de leur permettre de tenir tête à la masse.

» C'est un procédé assez grossier, que d'avoir fermé la porte de l'exposition de St-Louis aux peintres indépendants d'Allemagne, si l'on réfléchit surtout que dans les collections publiques ou particulières de l'Amérique, dans les musées de Chicago et de Boston, dans les collections Shaw, Vanderbilt, Havemayer, M⁰⁰ Palmer et autres milliardaires, si l'on réfléchit, dis-je, qu'à côté des maîtres anciens, ce sont des artistes comme Millet, Corot, Delacroix, Puvis de Chavannes, Manet, Monet, Pissarro, Cézanne, qui dominent, bref les artistes qui ont su *s'écarter des formules étroites et infécondes imposées par l'enseignement officiel.* C'est d'Amérique que nous est venue, vers 1880, la consécration des impressionnistes ; depuis cette époque, en Allemagne, l'importation des tableaux français n'a fait que s'accroître ! Elle atteint aujourd'hui à plus de 4 millions de marks. C'est sans doute pour empêcher ce chiffre de diminuer que nous envoyons à Saint-Louis les œuvres d'Anton von Werner et de sa suite ! »

cosse l'œuvre des Comités de patronage des étudiants
étrangers.

M. Marcel Reymond m'a prié de vous adresser quelques
mots. Comme il est notre directeur, il faut lui obéir. En premier lieu, je désire lui exprimer notre vive reconnaissance
pour la conférence qu'il vient de nous faire. Il est rare qu'on
soit accepté à l'étranger comme une autorité, mais nous savons
que le gouvernement italien se plaît à suivre les conseils de
M. Reymond quand il s'agit de restaurer les beaux monuments historiques de Florence, et personne n'aurait pu nous
expliquer les splendeurs artistiques du Dauphiné avec autant
de savoir et d'enthousiasme.

En second lieu, je crois être l'interprète des étudiants qui
ont passé l'été ici, en remerciant M. Reymond de l'intérêt qu'il
prend à ces cours. Il se sacrifie avec un dévouement au delà
de tout éloge. Il exerce une influence magnétique. Le succès de
ces cours lui est dû en grande partie, mais les professeurs qui
consacrent les mois d'été à cette grande œuvre qui demande
des talents spéciaux, ont droit à toute la reconnaissance de
leurs auditeurs. L'avantage pour les étudiants de différentes
nationalités de se rencontrer, d'obtenir des points de vue différents de ceux qu'on a chez soi, est, pour ceux qui savent en
profiter, de nature à rendre leur expérience bien enviable.
Pour les Universités, cet échange d'étudiants leur assure de
nombreux horizons, tandis que les liens d'amitié que vous
formez sont autant de gages pour l'avenir que la situation internationale ne soit pas exposée à des crises souvent dues à
l'ignorance. Les étudiants qui ont travaillé ensemble, à Grenoble ou ailleurs, rentrés chez eux, pourront combattre les
préjugés, souvent étranges, qui existent à l'égard d'autres nationalités. Vous êtes les représentants de l'avenir, et nous
comptons sur vous pour entretenir ces relations amicales dont,
ici, vous avez établi les bases.

Une atmosphère de recueillement et de modération est nécessaire aux Universités. En offrant l'hospitalité aux étudiants
étrangers, elles contribuent à cette entente cordiale des jeunes
générations, qui est une des conditions du progrès scientifique,
car le monde scientifique n'a pas de frontière. La découverte
due à un laboratoire de Grenoble facilitera des découvertes
dans les laboratoires de tous les autres pays, et c'est ainsi que

la science donne une patrie commune à tous ceux qui se consacrent à son service. L'échange des idées est libre. La liberté
de cet échange est soumise à la condition de respect pour les
idées qu'on nous offre en échange, de quelque source qu'elles
viennent. De votre séjour à l'Université de Grenoble vous emporterez un profond sentiment de reconnaissance.

Vous me permettrez de rendre hommage au Directeur de
l'enseignement supérieur, qui, tout récemment, a quitté ses
fonctions. M. Liard a rendu à vos Universités leur autonomie
et a rendu possible une extension de l'œuvre universitaire dans
les différents centres de la France, dont vous avez, déjà, obtenu
les meilleurs résultats, et M. Bayet qui occupe, avec tant de
distinction, ces hautes fonctions, ne s'écarte pas des principes de décentralisation inaugurés par M. Liard, avec l'assen-
timent de tous ceux qui se rendent compte du rôle nouveau
que les Universités doivent jouer dans les différentes régions
où elles sont situées. L'Institut électro-technique de Grenoble
subit l'influence de la région. Et, dans cette voie, vous obtenez
des subsides des localités dont la générosité excite notre admiration. Les installations de l'enseignement supérieur et de
l'enseignement secondaire à Grenoble sont des monuments
dignes du Dauphiné et de sa vitalité intellectuelle. A vous,
M. le Recteur, et à vos collègues de l'Université, j'exprime nos
meilleurs vœux pour la prospérité de l'Université de Grenoble,
à laquelle se rattache celle du Dauphiné.

Mais voici que le temps s'est rasséréné. Nous
pouvons donc reprendre le numéro du programme
mis de côté dimanche et, après une très courte visite
au Musée et à la Bibliothèque, aller à Bouquéron.
Une aimable réception nous y attend. Les maîtres de
céans, M. le docteur et Mme Gaillard, nous font avec
une exquise courtoisie les honneurs de leur antique
manoir à l'aspect féodal. Un lunch copieux est servi
sur la terrasse, d'où l'on domine un splendide panorama : à nos pieds, la riche et belle vallée de l'Isère ;
à droite, la ville de Grenoble ; en face, les neiges
éternelles du massif de Belledonne, éclairées des feux

du soleil couchant; près de nous et tout autour, la poésie fine et discrète d'une nature déjà méridionale, un jardin tracé en espalier, au flanc de la colline, ombragé de thuyas, d'oliviers et d'autres arbres au léger feuillage.

La nuit est déjà venue quand nous rentrons à Grenoble; la journée n'est pourtant pas finie, car nous avons encore à répondre à l'invitation de la Cie des Eaux d'Uriage.

Nous y retrouvons l'accueil dont l'hospitalité dauphinoise nous a fait une douce habitude, et en compagnie du Directeur et des membres du corps médical, nous parcourons à la hâte les aménagements de l'établissement, en attendant l'heure du banquet. Avec un tact parfait nos hôtes prient M. Joubin de le présider, et le Recteur en profite pour remercier, au nom de tous les Franco-Ecossais, Lord Reay et M. Bayet :

My Lord, Monsieur le Directeur, Mesdames, Messieurs,

C'est la première fois, ce soir, que le plaisir si grand de vous adresser quelques cordiales paroles se trouve mêlé pour moi d'un peu de tristesse. Demain vous allez quitter le territoire de Grenoble, et je ne puis croire encore que les liens si récents, mais si forts, qui nous attachent à vous, soient si près de se rompre ! Mais que dis-je ? Pourquoi seraient-ils rompus ? L'affection, basée sur l'uniformité des caractères et la similitude des pensées, est impérissable — et d'ailleurs vous nous reviendrez, nous en avons la ferme espérance. Les drapeaux dont nous avions eu tant de plaisir à décorer l'Université et qu'il va falloir enlever demain, ces étendards ornés du « lion superbe et généreux » d'Ecosse, nous les garderons précieusement, non pas seulement comme un souvenir, mais aussi comme un espoir !

L'une des plus aimables d'entre vous, Mesdames, et dont

j'avais l'honneur, il y a quelques jours, d'être le voisin, me disait qu'elle aimait beaucoup les toasts... pourvu qu'ils fussent courts ; et j'avais, pour une fois, le regret de n'être pas entièrement d'accord avec elle — j'espère qu'elle m'a pardonné ! Les plus courts sont les meilleurs, en effet, quand ce sont les miens ; mais les plus longs sont bien supérieurs quand je n'ai plus qu'à les écouter ! Aussi je prie instamment les orateurs de ne pas imiter, ce soir, ma brièveté, et de ne point se laisser émouvoir par les exhortations de notre infatigable et toujours pressé président du Comité de Patronage, M. M. Reymond. Ne l'écoutez pas lorsqu'il vous dira, suivant son habitude : « En route, en route ». Nous avons un tramway spécial pour rentrer ce soir à Grenoble, nous sommes les maîtres de l'heure ; et si, d'aventure, la soirée se prolongeait un peu tard, si demain matin vous deviez manquer le train d'Aix, rassurez-vous et comptez sur lui : il nous trouvera bien encore un train spécial !

Je vous céderais, Messieurs, dès maintenant la parole si je n'avais d'abord quelques devoirs agréables à remplir. Mais j'ai laissé accumuler tant de dettes de reconnaissance que je vous demanderai la permission de lever mon verre en l'honneur de chacun de mes aimables créanciers — mais non pas de le vider !

Et tout d'abord je veux remercier M. le Ministre de l'Instruction publique, qui a bien voulu se faire représenter à nos fêtes par M. le Directeur de l'Enseignement supérieur. Vous vous souvenez tous de ce toast si gracieux et spirituel de M. le directeur Bayet « à un béret rouge ». « C'est le toast, disait M. Bayet, d'un *grand* papa ! » Je vous demande de supprimer cet adjectif : nos Universités sont sœurs, elles doivent donc avoir le même père — au moins par l'adoption ; et M. Bayet nous a prouvé qu'un *père* est un ami donné par la nature — quelquefois aussi par le gouvernement. Je lève donc mon verre en l'honneur de M. Bayet. (*Applaudissements*.)

My Lord, je tiens à vous remercier aussi de tout l'intérêt que vous nous avez témoigné ; l'Université vous est reconnaissante des paroles si bienveillantes que vous avez prononcées en toute occasion, aujourd'hui encore, dans ce discours si plein d'élévation que vous adressiez aux étudiants étrangers ; nous en garderons, avec eux, le plus précieux souvenir, parce que nous connaissons votre grande compétence dans toutes ces hautes questions.

Je vous prie, Mesdames et Messieurs, de lever vos verres en l'honneur de Lord Reay. (*Applaudissements.*)

Enfin je lève encore ce verre en votre honneur, Mesdames, à vous qui pendant ces journées trop souvent brumeuses avez montré le même entrain, la même gaieté, la même vaillance, et qui sembliez dire par votre sourire qu'après tout la pluie était peut-être un charme de plus ! En votre honneur enfin, Messieurs, dont la présence nous a été si agréable et réconfortante que nous y avons certainement puisé de nouvelles forces pour l'accomplissement de notre tâche !

Lord Reay répond et fait ses adieux :

Monsieur le Recteur, Mesdames, Messieurs,

Avant de quitter Grenoble, je désire vous exprimer, au nom de mes compatriotes, à quel point nous regrettons que notre séjour touche à sa fin. Du moment de notre arrivée jusqu'au moment de notre départ, vous n'avez cessé de nous faire voir ou entendre des choses merveilleuses. Vous nous avez traités comme des amis qu'on revoit après une longue absence, et jamais nous n'avons éprouvé la sensation de nous trouver en terre étrangère. Vous nous avez préparé une série de surprises, et votre programme a été si admirablement exécuté que nous courrions risque d'oublier avec quel extrême soin il avait été conçu. Je n'ai qu'un seul reproche à vous adresser, c'est que votre réception a été si brillante, que vous avez rendu plus que difficile la tâche des organisateurs de notre prochaine réunion. Après les splendeurs de celle-ci, j'implore d'avance votre indulgence.

J'ai à vous remercier, Monsieur le Recteur, de m'avoir réservé une journée pour voir les établissements des différentes branches de l'enseignement à Grenoble, et, surtout, de m'avoir si bien renseigné sur les questions qui, partout, demandent une solution, car, partout, on se trouve dans une période de transition, surtout dans l'enseignement moyen. Je sais que les jeunes Ecossais et les jeunes Ecossaises qui se rendront à Grenoble seront l'objet de votre part et de la part des autorités universitaires des meilleurs soins, et nous sommes fiers que vous ayez chargé une Ecossaise de donner l'enseignement de notre langue, car vous n'aviez pas de précédents pour une nomination d'un membre de l'autre sexe. Aussi, je me permets de recommander notre compatriote aux Dames de Grenoble, dont nous avons nous-mêmes reçu un si charmant accueil.

Je suis chargé, au nom des Dames écossaises ici présentes, de remercier ceux qui ont, à différentes reprises, proposé un toast en leur honneur.

Je m'en acquitte d'autant plus volontiers que je suis convaincu que le concours des Dames est, en matière d'enseignement, de la plus haute importance. Je ne suis guère féministe, et je ne le suis pas parce que je ne désire pas voir les femmes perdre l'ascendant qu'elles exercent dans ce que nous appelons le *home*, et où elles représentent la dignité et le recueillement, qui ne sont pas une quantité négligeable, mais une des conditions de bien-être. La pratique, l'expérience m'ont appris que le tact, le bon sens, l'esprit de discipline et surtout le dévouement des femmes sont indispensables pour compléter l'ensemble de la direction d'établissements scolaires. A cet égard, tous nos partis politiques sont du même avis. Le contrôle féminin d'établissements scolaires est dorénavant une des conditions de leur succès.

Avant de nous séparer, je crois pouvoir constater que cette réunion de Grenoble a répondu, à tous égards, au but des fondateurs de l'Association Franco-Ecossaise. Ce but était modeste. Nous croyions pouvoir répandre dans les milieux universitaires et d'autres milieux une fermentation amicale entre hommes de bonne volonté des deux pays. Nous avons à résoudre les mêmes problèmes. Nous avons à nous méfier des emportements qui, de temps à autre, s'emparent de l'opinion publique. Nous avons à inspirer l'amour de la liberté toujours menacée par cet instinct qui se traduit par le « væ victis », tandis que la liberté ne connaît d'autre conquête que celle de la vérité, qui, ne l'oublions pas, est souvent impopulaire. La France et le Royaume-Uni ont une lourde tâche à accomplir. Elles ont à donner l'exemple que des institutions démocratiques assurent le progrès et la paix et sauvegardent le maintien de l'ordre et des libertés individuelles. Si notre Association rapproche ceux qui se vouent à cette œuvre dans nos deux pays, elle aura justifié son existence, et je porte ce toast à vous, nos chers amis de France, en vous disant : Au revoir, en Ecosse !

Puis c'est l'Institut qui, par l'organe de M. Hartwig Derenbourg, fait entendre sa voix :

Permettez-moi, dit le savant orientaliste, de vous signaler la présence parmi nous de l'architecte Edouard Mariette, l'auteur du *Traité pratique et raisonné de la construction en Egypte* (1), le frère du grand égyptologue français, de l'illustre Auguste Mariette-bey. Or, Mariette-bey a été, avec Jacques de Rougé et Gaston Maspero, le continuateur de Jean-François Champollion, dit Champollion le jeune, né le 23 décembre 1790 à Figeac, élevé à Grenoble, où il souleva le voile qui couvrait les inscriptions hiéroglyphiques d'Egypte. Ce fut à Grenoble, peut-être à Uriage, où il aimait à se promener et à rêver, qu'après une série de tâtonnements, il fit cette découverte féconde qui, jointe à celle faite plus tard, par mon ami, mon confrère et mon maître, Jules Oppert, du déchiffrement des inscriptions cunéiformes d'Assyrie, a transformé l'étude de l'histoire ancienne jusque dans l'enseignement primaire. « Je tiens mon affaire », dit un jour l'homme de génie qu'était Champollion le jeune, à peine âgé de vingt-cinq ans. On dit que, se sentant atteint par le mal qui devait l'emporter, il montra à quelques amis présents le manuscrit de sa *Grammaire égyptienne*, ouvrage qui fut publié après sa mort par son frère aîné, dit Champollion-Figeac, de 1836 à 1841, et que le fondateur de la science égyptologique s'écria avec une légitime fierté : « Voilà, j'espère, ma carte de visite à la postérité. » Ce puissant initiateur, dont Grenoble a le droit de s'enorgueillir, comme d'un glorieux fils d'adoption, mourut d'une attaque d'apoplexie à Paris le 4 mars 1832, à l'âge de 41 ans. Ainsi que Bergaigne, dont je vous parlais avant-hier avec une émotion que vous avez partagée, le grand Champollion avait succombé trop tôt pour donner sa mesure (2).

Et continuant dans une langue pleine de tours délicats et de fine humour, M. Hartwig Derenbourg ajoute :

(1) Alexandrie, 1875, in-8°.
(2) Un résumé de cette allocution a paru dans les *Comptes rendus de l'Académie des inscriptions et belles-lettres* de 1903, p. 438.

Le Président (1) de notre république franco-écossaise m'a fait l'honneur de me convier à dire quelques mots au déjeuner du Lautaret (2). J'ai répondu aussitôt à son appel que je tâcherais de m'élever à la hauteur du site et de sa confiance. Pardonnez-moi, si mes forces trahissent ma bonne volonté. Pour mon malheur, je suis venu au monde trop tôt pour m'inscrire à l'école des toasts imaginée l'autre jour par M. Bayet et dont le premier directeur de par droit de supériorité ne pourra être que lord Reay. S'il est absent aujourd'hui de notre banquet, c'est apparemment qu'il prépare le libellé de son programme et de son affiche.

La semaine dernière, je vivais paisiblement dans le voisinage de Grenoble, au-dessus de Pont-de-Claix, dans le château d'Allières, afin d'y goûter un peu de repos avant notre semaine mouvementée, dont je prévoyais les émerveillements, mais aussi les fatigues. Une bibliothèque avait été mise à ma disposition ou plutôt une collection de livres réunis un peu au hasard, sans plan prémédité. J'y rencontrai les trente volumes de votre grand Walter Scott, traduits par Defauconpret, un ouvrage non pas franco-écossais, mais écosso-français, si j'ose dire. Pour me mettre au courant de ce que vous savez d'instinct et de naissance, je me suis mis à piocher les trois volumes de l'Histoire d'Ecosse, racontée par un grand-père à

(1) Dès le 29 août 1903, M. Casimir-Périer, président de l'Association franco-écossaise, avait écrit de Pont-sur-Seine aux différents orateurs français pour les prier de prendre la parole. A M. H. Derenbourg, entre autres, il avait adressé la lettre suivante :

« Monsieur et cher collègue,

» J'ai été heureux d'apprendre que vous serez du meeting de Lyon et de Grenoble. J'ai dû me préoccuper — dans un sentiment de coquetterie nationale et pour écarter les importuns — de régler un peu les toasts et de nous répartir les rôles.

» J'espère que vous ne me trouverez pas indiscret si je viens vous demander de prendre la parole et d'être l'interprète du Comité au déjeuner qui aura lieu au Lautaret le mercredi 16. Je me réjouis, Monsieur et cher collègue, à la pensée de vous rencontrer bientôt et vous prie d'agréer, etc...

Signé : « CASIMIR-PÉRIER. »

(2) Les conditions dans lesquelles eut lieu le déjeuner du Lautaret, l'éparpillement des convives à des tables distantes les unes des autres, n'ayant pas permis à M. Derenbourg de remplir sa promesse, il voulut bien le faire le lendemain.

ses petits-enfants, le livre que notre grand François Guizot a imité dans son *Histoire de France racontée à mes petits-enfants*. Je supposai que le récit dédié à Hugh Littlejohn esq., âgé de six ans, serait à la portée d'un sexagénaire. Je ne me trompai pas : je compris, je fus charmé et je m'instruisis dans les jolies et vivantes narrations de votre aimable compatriote.

Je continuai mon initiation en prenant un vif intérêt aux aventures et aux prouesses d'un véritable d'Artagnan avant celui d'Alexandre Dumas père, de Quentin Durward. Je me mis à relire, après un intervalle de 45 ans, l'histoire de ses invraisemblables combats, où ses adversaires se ressemblent tous en ce que tous ils sont vaincus et où il triomphe aisément et successivement des obstacles accumulés sur sa route. Ce jeune homme d'armes *franco-écossais*, comme Walter Scott l'appelle, venu de Glan-Houlakin jusqu'en Touraine, s'était enrôlé dans la compagnie de trois cents archers écossais formant la garde du roi Louis XI. Le chef de ce corps, organisé naguère par Charles VI, est appelé Lord Crawford. Ce nom est-il de fantaisie ou de réalité ? C'est un problème juridique que, pour le xve siècle au moins, je ne me chargerais pas de résoudre. Quoi qu'il en soit, j'ai suivi Quentin Durward, fier comme un Ecossais, selon votre proverbe, traversant la Touraine, l'Ile-de-France, la Picardie, pour accomplir à Liège la mission dont Louis XI l'a chargé et au cours de laquelle, lorsqu'on lui demande : « Pour qui êtes-vous ? » il répond invariablement en serviteur fidèle de notre pays : « Pour la France. »

Ni Quentin Durward, ni aucun Ecossais de son temps n'était, à ma connaissance, descendu vers le sud de la France au-dessous de Tours et de la Loire. Votre venue dans le Dauphiné est sans précédent. M. Henri Ferrand, que nous aurons le plaisir d'entendre demain jeudi à Uriage, a dressé, en 1901, la statistique des promenades anglaises en Dauphiné. Les plus anciennes sont récentes. Y a-t-il eu des Ecossais isolés parmi ces premiers explorateurs britanniques des Alpes françaises pendant la seconde moitié du xixe siècle? Je l'ignore, aucune distinction entre Anglais et Ecossais n'ayant été faite dans le mémoire de M. Ferrand. Ce que je n'hésite pas à affirmer, c'est que le spectacle fourni par la présence de vos *highlanders* et *lowlanders* parmi les *lowlanders* de Grenoble et les *highlanders* du Lautaret est nouveau, inédit, en dehors de toutes vos traditions.

Walter Scott, et c'est son infériorité, n'était jamais venu en Isère sinon par ses livres qui, comme dans toute la France, y ont été la lecture favorite de nos pères et de nos grands-pères, plus encore de nos mères et de nos grand'mères. Ses lectrices et ses lecteurs ont fait grève chez nous pendant quelque temps. Mais le besoin de romans honnêtes fait qu'on lui revient. On lui reviendra de plus en plus, comme après la tempête on se réfugie au port. Son succès renouvelé ne pourra que servir à éclairer d'un nouveau jour les affinités natives qui unissent les Français aux Écossais.

Je lève mon verre à la restauration du culte de Walter Scott dans notre pays, à la communion et à la fraternité de la pensée et de la littérature, des sentiments et de la nation, de la science et des Universités en Écosse et en France.

M. Bonet-Maury rend à son tour hommage aux qualités généreuses et intrépides du caractère national écossais et nous parle de Louis-Robert Stevenson :

Mylords, Mesdames, Messieurs,

Le président de la branche française de notre Association, M. Casimir-Périer, m'a chargé d'être l'interprète des sentiments de notre Comité auprès de nos amis d'Écosse. C'est un honneur dont je sens tout le prix et une tâche dont je sens, en même temps, la difficulté. En effet, les divers orateurs qui vous ont entretenus depuis cinq jours, vous ont déjà beaucoup parlé du pays de D. Knox et de Marie Stuart, de Walter Scott et de Robert Burns, mais le sujet est inépuisable.

Il est une question que j'aurais aimé traiter en particulier, c'est celle des ballades écossaises, de ces chansons de guerre et d'amour, recueillies par Percy et Ramsay et dont Burns a tiré un si merveilleux parti dans plusieurs de ses poèmes, car le caractère aventureux et romanesque, sentimental et brave du peuple s'y reflète admirablement. Mais cela m'entraînerait peut-être trop loin et d'ailleurs notre ami, le Dr McKechnie, l'autre soir, en montant au col du Lautaret, nous en a chanté quelques-unes, très originales, et qui vous en ont donné l'idée.

Je voudrais, à défaut des ballades, signaler avec vous, à nos compatriotes, un écrivain trop peu connu en France, mais qui, chez vous, n'est guère moins populaire que Burns ou Walter Scott, un auteur qui s'est essayé tour à tour dans la poésie et l'histoire, les récits d'aventures de voyage et les romans, je veux parler de Robert-Louis Stevenson.

Si j'évoque cette figure, ce soir, devant vous, c'est que Stevenson est à mes yeux un type bien représentatif de votre caractère national, fier et indépendant, grand voyageur, en quête d'aventures et d'impressions violentes, aimant à lutter contre les éléments de la Nature et ne redoutant pas la lutte contre les hommes, pitoyable aux petits et aux opprimés, comme il était fier avec les puissants. Nature énergique, vibrante, chevaleresque, Stevenson était Ecossais jusqu'aux moëlles. Il s'est comparé lui-même au guerrier Braddok, emporté mourant du champ de bataille et qui se promettait de prendre sa revanche la prochaine fois : « Nous autres Ecossais, a-t-il dit, nous ne consentons jamais à nous tenir pour battus. » Et c'est la première raison pour laquelle nous admirons sincèrement cet Ecossais ; il nous rappelle nos propres chevaliers d'autrefois, généreux, intrépides, qui avaient pour devise : « Fais ce que dois, advienne que pourra ! »

Et voici la seconde, c'est que Stevenson a beaucoup aimé la France. Venu plusieurs fois sur la Côte d'Azur ou dans la forêt de Fontainebleau pour y chercher la santé, il s'y est attaché comme à une seconde patrie. Quoi de plus exact et de plus charmant que sa description des beautés agrestes des Cévennes dans son *Voyage avec un âne*, des paysages plus monotones et mélancoliques de la Picardie dans son *Ireland Voyage* et enfin de l'admirable forêt de Fontainebleau : « Il y a en France, a-t-il dit, des paysages incomparables par le romantisme et l'harmonie, la Provence et la vallée du Rhône offrent une succession de tableaux qui sollicitent le pinceau du peintre. Et cette beauté n'est pas une pure beauté, elle parle à l'imagination tout en nous charmant. » Que n'eût-il pas écrit, s'il avait, comme vous venez de le faire, visité les Alpes du Dauphiné aux environs de Grenoble ?

Bien plus ! Stevenson a aimé notre peuple, il a fréquenté nos paysans français et loué plusieurs traits de leur caractère : leur belle humeur, leur sollicitude pour les enfants, leur complaisance pour l'étranger et le voyageur, leur amour de

l'indépendance, par exemple, chez les descendants des Cami-
sards, qu'il compare aux Highlanders ; leur endurance et leur
énergie à se relever d'une défaite.

S'il avait vécu, je n'ai nul doute qu'il n'eût demandé à faire
partie de l'Association franco-écossaise. Stevenson a été un de
vos précurseurs, Messieurs d'Edimbourg.

Mais je m'aperçois que je me laisse entraîner un peu hors
de mon sujet spécial, qui était de vous saluer au nom du
Comité de la branche française. Je termine donc en remerciant
les nobles lords, les professeurs, médecins et lettrés Ecossais,
qui sont venus de si loin pour répondre à notre invitation. Et
je voudrais associer dans mes vœux tout particulièrement
ceux de nos amis qui ont été retenus là-bas par le deuil ou la
maladie d'un des leurs. Je tiens à citer deux noms chers à tous
les Français : M. le professeur Ferguson, le savant chimiste
de Glasgow, toujours jeune et alerte, malgré son âge, quand
il s'agit de seconder une œuvre de progrès scientifique ou de
fraternité internationale, et M. le professeur Kirkpatrik, dont
tous les Français qui ont résidé à Edimbourg ont apprécié le
dévouement à leurs études et la sollicitude presque paternelle.

Puissent nos amis présents emporter du troisième meeting
des impressions fructueuses, de durables souvenirs ! Puissent-
ils redire aux absents que la France est toujours debout, agis-
sante, studieuse, hospitalière ; qu'elle reste l'amie fidèle des
Ecossais et qu'elle salue en eux ses meilleurs alliés pour la
grande œuvre du progrès pacifique dans la vérité, la justice
et la fraternité !

Je lève ce verre à la santé des membres absents de la branche écossaise : Lord Glenesk, MM. Ferguson et Kirkpatrik,
que je ne sépare pas, dans mes vœux, de celui qui vous préside
à ce banquet, my Lord Reay !

D'autres orateurs se font encore entendre, notamment un officier des Highlanders, qui porte un
toast à l'armée française, dont il vient d'admirer les
qualités d'endurance et d'énergie, aux grandes ma-
nœuvres de la Drôme.

Il est cependant plus de 10 heures et le programme

dé la soirée n'est pas encore épuisé, car voici M. Ferrand qui, ayant échangé son costume de montagnard pour la tenue de conférencier, habit noir et cravate blanche, se propose de nous montrer les beautés pittoresques du Dauphiné. Il le fait avec un tel talent descriptif et avec l'aide de projections si admirablement belles, que malgré cette longue journée bourrée d'excursions, de courses, de conférences et de discours, nous maudissons *in petto* l'appel intempestif de la cloche qui à minuit sonne le départ. Grâce à lui et à M. Duchemin, l'art photographique français remporte ce soir-là une victoire éclatante, et chacun est d'accord pour reconnaître que peut-être jamais épreuves n'ont donné davantage l'illusion de la nature et de la réalité.

SEPTIÈME JOURNÉE

A 9 heures du matin nous disons adieu à Grenoble et à ses hospitaliers habitants ; mais le décor a beau changer, l'accueil est partout le même. A Aix, c'est la municipalité qui s'est mise en frais et elle a fait royalement les choses. Dès l'instant où nous mettons le pied sur le quai, nous lui appartenons sans réserve, et, comme dans les contes de fée, nous trouvons tout préparé et servi à point. Chacun de nous a sa chambre retenue dans les meilleurs hôtels de la ville et des disciples de Vatel ont reçu mission de fournir notre table des mets les plus exquis et les plus succulents. Nous vivons comme dans un rêve.

A 3 heures, nous montons à bord d'un des bateaux du lac du Bourget qui a été nolisé pour nous conduire à Hautecombe.

La lumière est charmante et s'harmonise délicieusement avec les délicatesses des contours du lac chanté par Lamartine. L'atmosphère est encore imprégnée, après plusieurs jours de pluie, d'un peu de vapeur d'eau, et cette vapeur d'eau estompe les lointains, adoucit les arêtes trop vives et à la façon d'une légère gaze aux fils d'or, met partout quelque chose de charmant et d'exquis. Comme le lac n'a que 16 kilo-mètres de long, nous l'avons vite traversé et nous voici dans l'église du couvent. Dire que le *plateresco* dont un goût douteux l'a décorée ait conquis tous les suffrages serait quelque peu exagéré ; mais il n'y a pas dans la célèbre abbaye que de l'architecture à regarder ou des appartements royaux à parcourir, il y a aussi un peu d'histoire à évoquer, et, certes, elle n'est pas banale la visite de ce Saint-Denis piémontais, confié par la maison de Savoie à l'hospitalité française. L'abbaye de Hautecombe a été, en effet, le lieu de sépulture des Princes du Piémont jusqu'à Charles-Félix ; et bien qu'elle soit aujourd'hui en terre française, elle reste toujours la propriété des rois d'Italie, qui en ont confié la garde à des Bénédictins Cisterciens, et ont assuré son affectation actuelle par un protocole spécial, annexé au traité de cession de la Savoie en 1860.

La journée se termine par le banquet traditionnel et une soirée de gala au théâtre du Casino, avec Sarah Bernhardt, très belle et très applaudie dans le rôle de la *Dame aux Camélias*. Les Ecossais offrent à la grande artiste une gerbe de fleurs nouée aux couleurs de France et d'Ecosse.

Au banquet, autour duquel sont assis plus de 150 convives, M. Mottet prend le premier la parole :

Mesdames, Messieurs,

Au nom de la municipalité et de la ville d'Aix-les-Bains tout entière, dit-il, j'ai l'honneur de vous souhaiter la bienvenue et de vous remercier d'avoir bien voulu comprendre dans votre programme une visite à notre station thermale.

Nous avons fait de notre mieux pour que vous retrouviez chez nous l'accueil qui vous a été fait par nos voisins et amis du Dauphiné, dont la cordialité et la courtoisie sont bien connues.

M'adressant spécialement à nos visiteurs Ecossais, je leur dirai que nous regrettons vivement qu'un itinéraire inexorable ne nous permette pas de les retenir plus longtemps au milieu de nous, et de leur démontrer qu'en Savoie nous aimons à pratiquer l'hospitalité proverbiale de leur beau et cher pays.

Mais, Messieurs, nous espérons que ce n'est pas sans esprit de retour que vous quitterez notre cité, appréciée de longue date par une nombreuse, brillante et fidèle colonie anglaise et qu'honora d'une prédilection flatteuse votre auguste et regrettée souveraine, Sa Majesté la reine Victoria.

Partout en France et en particulier chez nous, puis-je dire, fut saluée avec joie la perspective d'une amitié étroite, définitivement scellée entre nos deux grandes nations par le récent échange de visites de leurs hauts et respectés représentants.

Cet acte mémorable est venu à point consacrer vos efforts et vous convaincre que l'un des nobles buts que s'est proposés votre Association est aujourd'hui pleinement atteint.

Mesdames, Messieurs,

Au moment d'une séparation trop hâtive, marquée par ce banquet même, je bois à votre belle et bienfaisante Association ;

A ses Présidents, dont nous déplorons de tout cœur l'absence, à l'honorable Lord Glenesk, à notre éminent compatriote M. Casimir-Périer, à leurs dignes représentants aujourd'hui, à M. Gordon, à M. Paul Mellon.

Enfin, je bois à M. Marcel Reymond, l'intermédiaire aimable auquel nous sommes redevables, pour une grande part, du plaisir et de l'honneur de votre visite, et qui est, nous le savons, un agent aussi modeste qu'éclairé de la prospérité de la ville de Grenoble.

M. Gordon lève son verre en l'honneur du Président de la République :

The President of the French Republic,

Monsieur le Maire, Ladies and Gentlemen. — It is a supreme moment to me to be honoured among this distinguished assembly with proposing the toast of ' Monsieur Emile Loubet, President of the French Republic '. My only regret is that a more representative member of our Society is not fulfilling this important duty.

Ladies and Gentlemen, we are deeply grateful to the Maire for the kindly words in which he has just proposed the health of our gracious and beloved sovereign King Edward. No more fitting person present could have done this, for he know, and was esteemed, by our much loved sovereign the late Queen Victoria, whose tribute of respect he wears to-night. The Sovereign whose praises he has just sung is a worthy descendant of. that great and good Queen His Mother, and we all know that He is the friend not only of France, but of the President of this great country, the hospitality of which we have been, and are, so largely partaking.

Ladies and Gentlemen the Secretary of the Convention of the Royal Burghs of Scotland recently wrote asking me if any thing could be done to prevent the expected repeal of an old Act which practically made us Scots Frenchmen once we touched french Soil. After consulting eminent authorities I replied that I feared we could not now-a-days legally claim the great privileges set forth in the Act referred to. That is what I wrote but I felt, and each of us, I am certain also feels that he can return to Scotland and tell his countrymen and countrywomen that no Act of Parliament is required to give us greater privileges than we at present possess in beautiful France, for you have as of old re-enshrined us in your hearts as we have done you, and nothing can draw us more closely together. Mutual respect is the basis of all true friendships not only between individuals but between nations. This quality happily exists between France and Great Britain, and for such a consummation we have first of all to thank the two great Heads of our respective Countries. You, in France, have for ages let the fleur-de-lys and the thistle entwine together, and now you have included the rose. Long may these emblems be as one.

Ladies and Gentlemen it is not for me to praise him who is at the head of the great French people. We respect him. We honour him. We tried to show him and you this when he made his recent triumphal progress through the capital of our empire, and I would ask you now one and all to rise and express your admiration for Monsieur Emile Loubet, President of the French Republic.

Après M. Paul Meyer, qui exprime ses regrets de la séparation prochaine, M. le recteur Joubin nous fait ses adieux en ces termes :

Mesdames, Messieurs,

Plus vous changez d'Académie, moins vous changez de Recteur ! Vous seuls, d'ailleurs, avez le droit de vous plaindre, car ce n'est pas moi qui devrais prendre la parole ce soir : l'absence de mon excellent collègue de Chambéry me cause le plus vif regret, mais je ne puis m'empêcher de saisir avec joie cette nouvelle et dernière occasion de vous adresser encore quelques mots.

Quel plaisir je ressens de pouvoir remercier M. le Maire d'Aix-les-Bains, cette belle ville que j'ai tant fréquentée l'an dernier, de me retrouver dans cette admirable Savoie, prolongement naturel du Dauphiné, deux provinces de la France que mon cœur réunit dans le même amour !

Mais je dois tout d'abord vous présenter les excuses de M. Bayet, directeur de l'Enseignement supérieur, qu'une circonstance impérieuse et imprévue a rappelé subitement à Paris. Il m'a chargé de vous faire part de ses très vifs regrets ; mais je crois traduire fidèlement vos sentiments en affirmant ici que les regrets sont pour nous ; tous ceux qui ont goûté et admiré, ces jours derniers, son entrain communicatif, sa cordiale gaieté et sa spirituelle éloquence s'associeront, j'en suis sûr, aux sentiments que je vous propose de lui exprimer par le télégramme suivant : « Amis Association franco-écossaise, en souvenir des journées inoubliables de Grenoble, de Vizille, du Bourg-d'Oisans, du Lautaret, ensoleillées par entrain et esprit étincelants du directeur Bayet, lui envoient l'expression de leur affectueuse reconnaissance et leurs chaleureux remerciements. »

J'ai déjà trop abusé de la parole depuis huit jours pour songer à la garder longtemps ce soir ; mais je suis certain de rencontrer près de vous tous une enthousiaste approbation en vous demandant la permission d'envoyer les vœux respectueux et l'hommage reconnaissant de l'Association franco-écossaise à son ancien Président, au génial physicien, dont tout physicien prononce le nom avec respect et émotion, à Lord Kelvin. Je lève mon verre en l'honneur de Lord Kelvin et vous demande de lui adresser, à l'issue de ce banquet, un télégramme ainsi conçu : « Les deux branches de l'Association franco-écossaise, après avoir fraternisé à l'Université de Grenoble, sous la présidence de Lord Glenesk, de M. Casimir-Périer, de Lord Reay, tournent leur pensée avec émotion vers leur premier président, l'illustre savant, Lord Kelvin, dont le génie rapprocha les deux nations, et envoient trois hourrahs d'admiration ! » (1).

(Applaudissements et triple hourrah.)

Le Secrétaire général de la branche française lit alors un télégramme de la Société londonienne l'Entente Cordiale, qui félicite l'Association de travailler aussi à l'œuvre de rapprochement qu'elle fait elle-même, et demande qu'un télégramme de remercîment lui soit adressé. Après quoi, M. Marcel Reymond porte le toast suivant :

Mesdames, Messieurs,

Je lève mon verre en l'honneur de M. Mottet, maire d'Aix-les-Bains, qui par les belles fêtes de ce jour complète si heureusement la réception qui vous a été faite en Dauphiné.

A Grenoble vous avez été reçu par les autorités universitaires, à Vizille vous avez visité la demeure du dernier des Connétables de France, de ce héros que vous vous attendiez, à chaque instant, voir apparaître dans son armure de fer, au milieu de ce donjon où tout rappelle sa présence ; le lendemain c'étaient les habitants d'une des vallées les plus reculées de nos Alpes qui pavoisaient leurs demeures pour vous souhaiter la bienvenue ; aujourd'hui vous êtes reçus dans des salons magnifiques, comptés à juste titre au nombre des plus beaux qui soient au monde.

Dans cette ville d'Aix qui a été pendant si longtemps le séjour de Sa Majesté la Reine Victoria, veuillez me permettre d'élever ma pensée et de porter un toast non plus seulement à

(1) Réponse de Lord Kelvin reçue à Grenoble le 19 septembre :
« Association franco-écossaise, Université Grenoble (France). — Warmest thanks for kind telegram and best wishes for all my french confrères. — KELVIN. »

vous, nos hôtes d'Ecosse, mais à tous les sujets de Sa Majesté
le Roi de la Grande-Bretagne.

Je porte ce toast au nom de la Savoie qui est le séjour d'été
de l'aristocratie anglaise et au nom du Dauphiné qui, par son
commerce de la ganterie, a depuis si longtemps tant d'amicales
et précieuses relations avec l'Angleterre. Dauphiné et Savoie
étaient bien faits pour s'unir afin de vous recevoir.

Et permettez-moi, puisque ces deux noms se rapprochent
dans ma pensée, de vous rappeler que le Dauphiné et la
Savoie n'ont pas toujours été amis comme ils le sont aujour-
d'hui. Tout au contraire leur histoire n'est que le récit de
leurs discordes et de leurs guerres. Et il a suffi de quelques
années, il a suffi d'une compréhension plus juste des nécessités
et des devoirs de la vie, pour faire de ces deux provinces,
naguère ennemies acharnées, les deux provinces les plus unies
qui soient au monde. C'est un exemple que pourraient méditer
de plus puissants empires.

Messieurs, nous recevions, il y a quelques instants, une
dépêche amicale du secrétaire de *l'Entente cordiale* (Anglo-
French Association), qui a eu la pensée touchante de s'associer
à nos fêtes. Je vous propose de lui répondre en levant notre
verre en l'honneur de *l'Entente cordiale*, et de porter un
toast à l'union de plus en plus amicale de la France et de la
Grande-Bretagne.

HUITIÈME JOURNÉE

———

Le lendemain samedi, dernier jour du meeting, le départ a lieu à 9 heures. La troupe des congressistes n'est plus aussi nombreuse qu'au début, elle s'est égrenée sur la route. Successivement, M. Casimir-Périer, Lord Glenesk, M. Croiset, M. Saleilles, Lord Reay, M. Bayet, M. Joubin, l'ont quittée, mais le gros reste et ce gros est infatigable. Huit jours d'excursions n'ont pas suffi à épuiser l'ardeur ou satisfaire la curiosité des congressistes, et le soir même du dernier jour, quand sonnera l'heure de la dispersion générale, quelques-uns resteront qui, sous la direction de dom Mackay, répondant à l'alléchante invitation du Comité d'initiative de la Haute-Savoie, iront visiter Saint-Gervais et Chamonix. Le temps est du reste engageant. Le soleil maintenant brille d'un éclat sans pareil et la grandiose nature alpestre touchée de sa baguette magique se révèle dans toute son imposante beauté.

Mais reprenons notre récit.

Après deux heures de route, le train nous dépose à Lovagny, petite station de campagne située à deux ou trois cents mètres des célèbres gorges du Fier. Nous

sommes tellement habitués à toutes sortes de préve-
nances depuis Lyon que plus rien ne nous étonne.
C'est pourtant un raffinement d'amabilité de la part
du Comité d'initiative d'Annecy que d'envoyer à notre
rencontre plusieurs membres de son Bureau et de nous
préparer, loin de tout endroit habité et à l'entrée même
de la profonde fissure où coulent les eaux du torrent,
une table chargée de rafraîchissements et de comes-
tibles.

Pendant que le champagne circule et que l'on se
fait des congratulations récipropres, un jeune homme
demande la parole; c'est un inconnu pour la plupart
d'entre nous, mais il s'exprime si bien en français
et en anglais que chacun s'empresse de le reven-
diquer comme un compatriote. En résumé, c'est un
Français, professeur au collège de la Rochelle,
qui a fait ses études à l'Université de Lyon, et qui
justifie, par la pureté de son accent et la correction de
son langage, l'excellence des mesures qui ont intro-
duit, dans les chaires de quelques-unes de nos Universités, des répétiteurs étrangers.

Ladies and Gentlemen,

After the hearty welcome of M. Grivaz, the kind and devoted vice president of our 'Syndicat d'Initiative' of Annecy, I
beg you will allow a young student of English Literature to
thank you for the generous and valuable work you are under-
taking.

We know what your most active members have done, and
are still doing, for the social comfort and linguistic progress
of students from France. Lord Glenesk, your president, Lord
Reay, Mr. Gordon, your honorary secretary, Prof. Kirkpatrick, the soul of the society in Edinburgh, who, on his own
initiative, conducts a free class for foreigners at the University, and many others, deserve our best thanks for furthering,

In as many ways as possible, the interests of the teaching of French in Scotland.

Such a noble and desinterested work, though but lately begun, has already borne its fruit. For, as a student of the University of Lyons, I have been able to notice myself, and fully to appreciate, the advantages of a union between French and scotch students. One of your devoted members, Dr. Sarolea, he who freely graciously gave us last June a course of interesting lectures on his favourite author, Thomas Carlyle, had endeavoured, since 1902, to insure the creation in France of posts for English lecturers. And he succeeded, since the Faculty of Lyons had the good fortune to possess this year, and for the first time, a young scholar of a rare talent, Mr. John Purves, your countryman, who helped our revered Prof. Legouis in his hard task by preparing us to encounter the hardships of the agregation. We shall never forget his pleasant erudition, the perfect lucidity of his teaching, the sympathy with which he imparted to us the knowledge of your national literature, and above all his charming character, which had made him our best friend. I also ought to mention the presence in our University, this year, of two young ladies from Scotland, Misses Fergie and Furnell, and of two young Masters of Arts, MM. Young and Geddie, who also helped us cordially in our work. We hear with pleasure that both have been appointed lecturers for next year, the former in Dijon, the latter in Lyons, where, we feel confident, they will continue the work of their distinguished predecessors.

So much, then, has been done ; such valuable results have been attained through that intimate connection between our 2 countries, that I shall end in expressing two hopes : May our French students repair, more munerous than ever, to the land of Burns and Walter Scott ; thanks to your Society, they will carry away from your country the most pleasant memories, and a deep enthusiasm for the great men who have illustrated your language. May also the success obtained by your valiant pioneers encourage the others to follow them.

Well, now, ladies and gentlemen, welcome again to our Haute-Savoie, our little Scotland, with her lakes, mountains and glens. And we all, *whose hearts,* like Burns, *are in the Highlands,*

> We'll drink a cup of kindness yet
> For the sake of auld long syne,

and also drink to the ladies who accompany you, to the future of your Society, and to the ever-increasing union between Scotland and France.

Après quoi nous nous engageons à la queue-leu-leu sur l'étroit chemin taillé dans le roc et suspendu sur l'abîme. La gorge est longue de 2.600 mètres et elle est si étroite et si profonde que par place ses deux lèvres se rejoignent presque et rapprochent en un dôme commun les rameaux des arbres qui poussent sur les bords. La hauteur des murailles est de près de 90 mètres ; et cependant, à l'heure où nous y cheminons, elles s'éclairent de pointes de lumière, qu'accroche à leurs aspérités un rayon de soleil glissant dans l'ombre épaisse. C'est du plus bel effet.

A l'arrivée à Annecy nous trouvons sur le quai, comme à Aix, à Bourg-d'Oisans, à Grenoble, comme partout sur le parcours, le maire, les conseillers municipaux, les membres du Syndicat d'initiative, toujours aimables, toujours empressés.

Après un échange de souhaits de bienvenue, ils nous emmènent à l'hôtel Verdun où un banquet nous est offert.

La table est présidée par le vénérable M. Dumont, le président du Syndicat d'Annecy.

Autour de lui ont pris place le maire, le marquis de la Serraz, M. Noblemaire, directeur de la Cie du P.-L.-M., et toutes les notabilités de la région. A l'heure des toasts, les Ecossais entonnent le *God save the King* et poussent les trois hip ! hip ! hip ! hurrah ! réglementaires, puis M. Dumont se lève et dit d'une voix claire et nette :

Mesdames, Messieurs,

Des voix autorisées ont salué votre arrivée dans les Alpes
françaises. J'aurais été heureux de les entendre, et j'ai vivement regretté que mon âge ne m'ait pas permis de connaître
autrement que par l'analyse d'un journal les paroles élogieuses
et cordiales qu'ont échangées les membres de l'Association
Franco-Ecossaise et leurs hôtes Dauphinois.

Le président octogénaire du Syndicat d'Initiative d'Annecy
n'essayera pas de suivre, même de loin, les brillants orateurs
qui, dans ce tournoi d'éloquence et de courtoisie, ont fait
assaut de pensées élevées et d'ingénieuses congratulations ;
mes paroles ne sauraient être qu'un écho affaibli des leurs.

Je ne puis, avec les membres de notre Syndicat, avec toute
la population d'Annecy, représentée ici par son premier
magistrat, que m'associer aux sentiments sympathiques que
nos excellents voisins de l'Isère et de la Savoie ont exprimés,
aux vœux qu'ils ont formés pour le maintien d'une amitié
séculaire entre nos deux nations.

Mais je dois offrir nos remerciements d'abord à ceux qui,
avec une entente parfaite des liens de toutes sortes qui unissent
nos provinces, ont eu l'heureuse idée de couronner, par une
excursion sur les bords riants de notre lac, votre voyage à
travers les sites grandioses du Dauphiné ; à l'éminent directeur
des chemins de fer de Paris à Lyon et à la Méditerranée qui,
une fois de plus, a gracieusement facilité à nos visiteurs
l'accès de notre région. (Applaudissements prolongés.)

Nous vous remercions vous tous, Mesdames et Messieurs,
qui avez bien voulu répondre à notre invitation et rehausser
par votre présence notre modeste réception.

Nos remerciements vont enfin et surtout aux membres de
l'Association Franco-Ecossaise qui ont consenti à choisir notre
petite cité pour y resserrer, une dernière fois, les liens de
leur société ; que ces hommes distingués par leur talent, par
leur savoir, par leurs hautes situations, agréent les hommages
de leurs hôtes d'un jour.

Nos compatriotes me comprendront et m'approuveront d'en
réserver la meilleure part à ceux qui ont franchi la mer pour
apporter à notre pays le flatteur témoignage de leur bienveillante curiosité.

Ils ne sont pas, qu'ils le sachent bien, même pour nous les
derniers venus dans la famille française, pour nous, qui

n'avons pas participé à ce long passé d'amitié entre la France
et l'Ecosse, ils ne sont ni des inconnus ni des indifférents.
Les hommes de ma génération ont appris, dans les récits de
Walter Scott, à connaître, à aimer, à admirer l'Ecosse et ses
habitants. Plus tard, l'étude de l'histoire nous montrait que
votre grand romancier national n'avait en rien exagéré les
vertus de votre race, son caractère chevaleresque, son indomp-
table énergie. (*Triple salve d'applaudissements.*)

Vos lacs merveilleux enchantaient notre imagination fami-
lière avec ce genre de beautés naturelles. Nous aimons à
croire que vous en reconnaîtrez quelques traits dans celui que
vous parcourrez tout à l'heure.

Nous en avons pour garant un de vos savants compatriotes
qui consacre, ici même, à la publication des œuvres de l'un
de nos plus illustres écrivains, les ressources d'une riche
érudition. Il voulait bien déclarer un jour que notre lac, avec
ses aspects tour à tour gracieux et sévères, pouvait soutenir la
comparaison avec les plus renommés des lochs écossais.
(*Triple salve d'applaudissements, hourrah !!*)

Dieu veuille que votre sentiment, Mesdames et Messieurs,
se rapproche de cette appréciation, sans doute trop indulgente.

Que ceux d'entre vous qui, désireux de contempler le géant
des Alpes, traverseront nos pittoresques vallées, y retrouvent
avec le souvenir de la charmante idylle de Jean-Jacques
Rousseau, l'attrait que leurs paysages alpestres exercent sur
nous.

Puissiez-vous enfin, de votre passage à Annecy, conserver
tous un souvenir aussi agréable que celui qui restera gravé
dans notre mémoire.

Les moments de votre trop court séjour parmi nous sont
comptés.

Je lève mon verre en l'honneur de Sa Majesté le roi
Edouard VII (*applaudissements*) ;

En l'honneur des dames dont la gracieuse présence a prêté
tant de charmes à cette réunion ;

En l'honneur des éminents présidents, vice-présidents,
secrétaires généraux de l'Association Franco-Ecossaise.

Je bois à la prospérité de cette sympathique Société et au
succès de l'œuvre généreuse qu'elle poursuit.

Après lui, M. Scott Moncrieff nous donne une fois de

plus l'occasion de goûter tout ce qu'il y a de finesse, de profondeur et de bonté dans sa pensée.

Ladies and Gentlemen,

Plutarch, the first of biographers, says that if Jupiter had consulted only his own convenience, he might have created only one great and wise man to do the world's work, but instead of that he made many men, in order that they might learn to love one an other; and, ladies and gentlemen I think we may apply this observation to nations as well as to men. Had the Creator consulted only his own convenience he might have made only one great and mighty nation to do the world's work. He might have made one mighty France to rule the globe. Such however was not the design of the Almighty, for in order that nations as well as individuals might learn to love and respect one another He made many nations and found room in the map of Europe not only for mighty France but also for poor little Scotland. It is in attempting to carry out this beneficent design of the Creator that you have invited us here to share in the gifts which a bounteous Providence has placed at your disposal. We cannot boast of blue skies and bright sunshine such as yours nor can we cultivate such beautiful flowers and fruits as those which you have placed before us to-night. But while we enjoy these delicacies I beg to remind you that there are flowers which blossom upon the most barren soils and fruits that ripen under the most unkindly skies.

The white flowers of truth of honour and of a blameless life can be cultivated in Scotland as well as in France and the fruit of the tree of knowledge will ripen with us as well as with you. These flowers and these fruits you have successfully cultivated for centuries and it is an highest ambition to emulate you. Before I sit down I ask you to drink to the health and happiness of our kind and generous hosts.

M. Paul Mellon, au nom de la branche française, souhaite ensuite aux Ecossais un heureux retour dans leur patrie et les adjure de songer à la reconstitution du Collège des Ecossais sur la Montagne Sainte-Geneviève.

Mesdames et Messieurs,

Si des circonstances de famille n'avaient retenu loin de nous
le comte de Franqueville, c'est lui qui, à cette heure, vous
aurait dit tous les regrets que nous éprouvons à la pensée que
cette famille, dont huit jours de vie commune ont resserré tous
les liens, va se disloquer.

En son absence j'ai la mission, toujours délicate et difficile,
surtout après tant d'hommes éminents, membres de l'Institut
ou hommes d'Etat, professeurs ou publicistes, qui vous ont
tenus pendant une semaine sous le charme, de vous parler
une dernière fois, tant au nom de la branche française, qu'au
nom de son Président, qui, je le sais, aurait été si heureux de
vous apporter ici lui-même l'expression de sa sympathie, de
vous parler, dis-je, pour vous dire la reconnaissance que nous
inspire l'empressement amical avec lequel vous avez répondu
à l'appel que nous vous avions adressé.

Mais auparavant, qu'il me soit permis de vous remercier,
M. le Président du Comité d'initiative de la ville d'Annecy,
pour l'aimable invitation que vous nous avez faite et qui nous
a si profondément touchés. Nous avons été heureux de pouvoir amener nos hôtes dans votre région, de leur faire admirer
les beautés de ces sites tour à tour grandioses et gracieux, car
leur pays aussi est plein de la poésie que lui prêtent ses lacs
décrits par Walter Scott ou ses montagnes pittoresques, et il
nous semble qu'un lien de plus sera établi entre nous, puisque
le spectacle des enchantements qui se dérouleront sous leurs
yeux dans leur patrie, leur rappellera constamment ce qu'ils
ont vu en Savoie et en Dauphiné.

Depuis six jours, nous marchons de surprise en surprise, et
cette dernière journée, qui clôt si heureusement cette suite
ininterrompue de fêtes et de réceptions, n'est pas celle qui
nous laissera les moins agréables souvenirs, car au sourire
des habitants se joint aujourd'hui celui de la nature. Veuillez
donc agréer, je vous prie, M. le Président, et faire assurer à
vos collègues l'assurance des sentiments de profonde et vive
gratitude pour la façon si cordiale avec laquelle, non seulement ici, mais encore partout où nous nous sommes arrêtés,
nos hôtes ont été accueillis. J'ai recueilli leurs propos et je
puis dire que bien qu'ils eussent droit à beaucoup, leur attente
a été encore dépassée.

En entendant les vivats de ceux qui se pressaient sur leurs

10

pas, en écoutant les discours de bienvenue qui leur ont été partout adressés, ils ont senti qu'un souffle de sympathie affectueuse soulevait tous les cœurs et qu'il y avait plus que de la curiosité dans le sentiment qui poussait bourgeois, ouvriers et paysans sur leur passage. D'instinct, le peuple va à ce qui est grand, noble, glorieux. Or, quoi de plus glorieux que l'histoire de ce peuple écossais, qui défendit son droit pendant des siècles contre la force et le nombre, et qui, quand il eut déposé les armes, versa et verse toujours avec ses philosophes, ses économistes, ses poètes et ses penseurs, un apport si considérable dans le courant de la civilisation universelle.

Je ne veux pas reprendre le thème si connu de nos rapports historiques et de nos dettes réciproques ; mais comment, dans une réunion où l'on commémore l'ancienne alliance, et au moment de la séparation, ne pas évoquer le souvenir de tout ce qui peut maintenir intact le faisceau de notre amitié et ne pas rappeler que nous avons un fonds de joies et de douleurs communes et que c'est là qu'il faut chercher la raison par laquelle, vous, Ecossais, vous prenez le cœur de nos foules ?

Mais à quoi bon insister ? Voilà déjà l'ordonnateur de la fête qui nous crie : « en route, en route ! » et il est temps que je termine. Permettez-moi cependant, avant de lever mon verre, de me ressouvenir de mon rôle de Secrétaire général, et puisque nous sommes une association à base universitaire, de revenir aux choses concrètes de la vie pratique et à ce qui peut fortifier les liens que nous avons formés.

Votre pays n'est pas seulement la patrie des penseurs et des philosophes, il est aussi la patrie des hommes d'action. Ces hommes d'action, qu'ils soient les maîtres de la mer ou les rois de l'acier (et parler d'eux ici en présence du représentant d'une des plus puissantes industries françaises, j'ai dit M. Noblemaire, ne paraîtra certainement hors de propos à personne), ont si profondément conscience que la science est créatrice de richesses et donne la substance dont se nourrissent les nations, qu'ils constituent en faveur des foyers de haut enseignement, de véritables apanages tels que jamais fils de prince n'en reçut de pareils. Or, il existe à Paris, sur le sommet de la Montagne Sainte-Geneviève, un vieil établissement d'éducation, qui est à la fois un symbole et une espérance. Vous ne venez pas sur les rives de la Seine, Messieurs et

Mesdames d'Ecosse, sans y aller en pieux pèlerinage pour y retrouver la trace d'un passé qui vous est cher, alors que votre jeunesse se pressait dans nos écoles et que nos Universités étaient le rendez-vous de vos étudiants et de vos maîtres. Au moment de nous séparer, ne pensez-vous pas que nous pourrions adresser un vœu à l'un de ces Mécènes qui sont presque des poètes puisqu'ils sont des créateurs à leur manière et qui sont en tous cas les amis et les protecteurs des lettres et des arts? Je sais bien qu'il ne s'agit ici que d'un sentiment et qu'il semble au premier abord que ces hommes d'initiative ne sauraient s'intéresser à chose si légère et si fragile, mais n'est-il pas aussi nécessaire de nourrir l'âme que le corps et ne pensez-vous pas qu'ils sont trop Ecossais, trop amis de leur pays, ces grands chefs d'industrie, pour ne pas vouloir contribuer à conserver pieusement des traditions où se fortifie et où s'abreuve votre conscience nationale? Quel succès ne serait-ce pas pour notre Association si, comme aux bons vieux jours, la vieille maison si pleine de reliques, le Collège des Ecossais, s'ouvrait de nouveau pour hospitaliser votre jeunesse studieuse! Et le vœu n'a rien de dangereux, car ce que nous voulons ne peut ni éveiller des susceptibilités, ni porter ombrage à personne!

Le temps n'est plus, grâce à Dieu, où l'on se lançait des regards de défi, des deux côtés de la Manche, et c'est avec un sentiment de joie patriotique et de confiance en l'avenir, que nous avons tous ici accueilli les promesses d'entente cordiale entre deux pays dont les intérêts sont solidaires, et que nous avons salué les derniers événements comme un gage de paix et de concorde.

Je porte donc un toast en l'honneur du vieux Collège des Ecossais de Paris et je vous invite à pousser avec moi un hourrah tel que l'écho s'en répercute dans le fond des plus lointaines vallées écossaises.

Et maintenant, mesdames et messieurs de la branche écossaise, je vous remercie de l'honneur que vous nous avez fait et je vous dis « au revoir » au nom de tous mes collègues.

Je bois à votre heureux retour dans vos foyers et à l'union qui nous lie dans le même idéal et dans les mêmes souvenirs.

Résumant une dernière fois dans une brève allocution les impressions qu'il a reçues, M. le Professeur Baldwin Brown salue encore la France comme la patrie par excellence de l'art et des beautés de la nature :

Il y a un conseil qui se présente, malgré nous, à toutes les intelligences. M. Serand vient de me dire que ce que nous faisions aujourd'hui c'était le dernier tour de notre piste. Nous ne pouvons pas toujours voyager comme nous le faisons depuis huit jours; ce serait beaucoup trop fatigant pour notre physique et pour notre moral. Il faut rejoindre nos compatriotes qui sont beaucoup à plaindre, eux, car ils ne sont pas membres de notre Association. (*Applaudissements et rires.*)

Je vais vous proposer une petite leçon. Chez les peuples du Nord, on voyage pour deux causes : ou pour voir des montagnes, ou pour visiter des monuments. Chez nous, si on veut aller voir des montagnes, on va généralement en Suisse. Si, au contraire, on voyage pour l'art, on se rend en Italie. Maintenant, il faut apprendre à nos compatriotes qu'il y a en France des montagnes de toutes espèces, depuis le Mont-Blanc, qui appartient tout à fait à la France, jusqu'aux petites montagnes riantes que nous avons admirées dans le commencement de notre voyage.

Au point de vue de l'art, l'Italie a produit de très belles choses, mais M. Marcel Reymond nous a appris dans son bel ouvrage que l'art florentin avait son point de départ dans l'art français. Je le félicite de son *aperçu*. Il faut continuer pour nous donner des preuves plus saisissantes que celles qu'il a déjà données dans son livre.

Il faut donc apprendre à nos compatriotes que pour voir les montagnes de l'Europe, il faut faire seulement un tout petit trajet : venir en France. On y trouvera aussi des monuments d'architecture qui datent de plusieurs centaines d'années, bien avant les monuments de Florence. On pense, généralement, que la sculpture et l'architecture ont été inventées par les Italiens au xive siècle, mais on sait maintenant qu'il y a eu avant une belle sculpture gothique française.

Et nous ne trouverons nulle part qu'en France, des montagnes plus riantes et des monuments de sculpture et d'architecture plus dignes d'être étudiés. Surtout, nulle part on ne

trouvera des amis plus aimables. (*Salve d'applaudissements.*)

Je lève mon verre au beau pays de la France.

Reprenant enfin le thème qu'ils ont déjà développé
ailleurs, M. Forbes et M. Gordon remercient le Syndicat d'initiative et font l'éloge de la race française,
tandis que mis en cause par le précédent orateur,
heureux de témoigner au modeste et savant éditeur
des œuvres de saint François de Sales son respect et
sa sympathie, le bénédictin dom Mackay exprime les
sentiments de reconnaissance qu'il éprouve pour les
fondateurs de l'Association et pour ceux qui ont organisé le 3e meeting. Il fait des vœux pour que cette
œuvre de rapprochement et de concorde atteigne son
but, et il remercie tous ceux qui, soit en Ecosse, soit
en France, y consacrent leurs soins et leurs peines.

En sa qualité de maire, M. Bouchet parle alors
au nom de la ville d'Annecy :

Mesdames,
Messieurs,

C'est toujours un agréable devoir, pour le représentant
d'une cité, d'accueillir les hôtes attirés vers elle par le vif et
légitime espoir d'en reconnaître les détails intéressants et d'en
admirer les beautés particulières.

Aussi, suis-je heureux de souhaiter, en ce jour, la cordiale
bienvenue aux personnages éminents qui composent l'Association franco-écossaise et qui, dans leurs remarquables excursions à travers les Alpes, ont recherché les impressions
profondes et les émotions continues qu'offrent au voyageur les
sites de la haute montagne.

Malgré l'inclémence de la température, je suis persuadé
qu'ils conserveront, de leur séjour dans nos régions, un vivace
souvenir.

Nous, habitants des Alpes, charmés depuis notre enfance
par la perpétuelle vision des cimes élevées, nous nous réjouis-

sons quand, dans nos vallées pittoresques, passent des touristes émerveillés qui partagent notre admiration et notre enthousiasme.

Je suis donc l'interprète des sentiments de la population tout entière, en affirmant aux membres de l'Association franco-écossaise combien Annecy est heureux et fier de les posséder dans ses murs. Nous conserverons le souvenir de cette journée au cours de laquelle nous avons eu le vif plaisir d'apprécier les mérites d'une institution qui, à travers les frontières, a réuni des intelligences et des cœurs.

Je lève mon verre en l'honneur de nos vaillants voyageurs !

Je bois à la vitalité et à la prospérité toujours croissante de l'Association franco-écossaise !

M. Noblemaire porte à son tour la santé des gracieuses ladies qui se trouvent dans l'assistance ; puis, après avoir salué l'Ecosse, ses gloires et ses aimables représentants, il ajoute :

Aussi ne vous ferai-je pas un long et substantiel discours. En prenant la parole, je tenais simplement à remercier M. le président Dunant et aussi à le féliciter, parce qu'il a dit une chose qu'on n'avoue pas facilement : il s'est vanté d'être le plus âgé d'entre nous, ce dont nous doutons d'ailleurs. Lorsque j'ai reçu ce matin sa gracieuse invitation, je ne savais à quoi l'attribuer. J'ai supposé que c'était en ma qualité d'étranger qu'il me donnait l'occasion de témoigner aux représentants de la vieille société écossaise la bonne sympathie des Français, et je l'en remercie bien sincèrement.

Enfin M. Marcel Reymond clôt la série des toasts, après qu'il a été donné lecture d'une dépêche de M. Bayet, qui envoie aux membres de l'Association son affectueux souvenir, et souhaite aux amis d'Ecosse une agréable fin de voyage et un heureux retour dans leur patrie.

Mesdames, Messieurs, dit M. Reymond,

L'heure que nous redoutons depuis huit jours est arrivée : vous allez partir. Mais il ne faut pas que pendant votre séjour parmi nous une seule parole de tristesse soit prononcée. Il faut songer en ce moment que notre vie n'est pas faite seulement de réalités, mais aussi de souvenirs et d'espérance. Lorsque vous ne serez plus là, il nous restera le souvenir de cette vision d'Ecosse qui vient de charmer nos yeux, le souvenir d'une grâce et d'une amabilité sans pareilles.

Messieurs, vous avez eu aujourd'hui deux intéressantes nouveautés.

Un jeune homme d'Annecy vous a souhaité la bienvenue dans votre langue, avec un tel bonheur d'expressions et une telle pureté de langage que vous l'avez tous pris pour un de vos compatriotes. Et je me réjouissais de vous montrer ainsi avec quelle ardeur les jeunes générations s'appliquent en France à connaître votre belle langue, pour étudier les chefs-d'œuvre de vos grands écrivains et pour mieux vous dire toute notre sympathie lorsque vous venez parmi nous. A ce moment je me sentais tout couvert de confusion pour n'avoir pas pu, au cours de votre séjour en Dauphiné, vous dire un seul mot dans votre langue. Mais je me consolais en pensant que je vous rendais ainsi un involontaire hommage et que mon ignorance n'a fait que faire ressortir votre parfaite connaissance de la langue française que nous avons tous admirée.

Un second fait aujourd'hui était à remarquer. Le soleil a paru ; le soleil, si paresseux ces jours-ci, a voulu se lever pour vous faire ses adieux. Notre Comité, malheureusement, ne dispose pas du soleil, du moins pas encore, mais le soleil, sans en avoir l'air, a été plus avisé que nous ne l'étions nous-mêmes. Le premier jour de votre arrivée, en effet, nous avions mis au programme la visite du Palais de Justice et de Saint-Laurent, et une excursion à Bouquéron ; c'était un programme irréalisable et le soleil nous l'a bien dit. Une averse nous a obligés à renoncer à la promenade de Bouquéron et nous a donné tout le temps nécessaire pour visiter comme il convenait les monuments de notre ville. Le lendemain, alors que nous visitions le château de Vizille, une petite pluie tombait pendant quelques instants, juste ce qu'il fallait pour poudrer.

de neige les cimes du Lautaret et vous donner le lendemain le spectacle de la montagne sous ses plus sublimes aspects.

Enfin, aujourd'hui, pour vous montrer ce lac, ce merveilleux lac, dans tout l'éclat de ses saphirs et de ses diamants, le soleil s'est levé radieux, éblouissant :

> Le temps a quitté son manteau
> De vent, de froidure et de pluie,
> Et s'est vêtu de broderie,
> De soleil luisant, clair et beau (1).

Mesdames, Messieurs, vous allez nous quitter, mais je voudrais qu'en partant vous soyez persuadés que vous ne laissez à Grenoble que des amis. Nous voudrions n'être jamais oubliés de vous ; et pour que notre cause soit plus sûrement gagnée, je la remets entre vos mains, Mesdames ; je la confie à vous dont le cœur fidèle ne sait pas oublier. Et ne pouvant vous nommer toutes, je vous demande la permission de m'adresser à l'une de vous et de porter un toast en l'honneur de Mme Gordon. Et puisque notre meeting depuis quelques jours fait des choses tout à fait extraordinaires, puisqu'il s'est vu conférer le pouvoir de faire des Pairs d'Angleterre, puisque depuis hier votre aimable Secrétaire général est devenu lord Gordon, nous ne pouvons moins faire aujourd'hui que de décerner le titre de majesté à Mme Gordon. Je lève mon verre en l'honneur de Mme Gordon, reine de beauté.

Messieurs, il n'est qu'un seul mot que nous puissions prononcer aujourd'hui en vous quittant, un mot qui ne porte en lui aucune tristesse, un mot qui est rempli de joie parce qu'il est rempli d'espérance : Mesdames, Messieurs, mes chers amis, au revoir !

Quelques minutes après, le bateau à vapeur *la Ville d'Annecy* emporte les congressistes et tous les invités le long des rives merveilleuses de ce lac où tout se combine, hardiesse des lignes, blancheur des glaciers, transparence des eaux profondes, contours moelleux

(1) Poésies de Charles d'Orléans, écrites pendant sa captivité en Angleterre. Le manuscrit original est à la bibliothèque de Grenoble.

des prairies et des bois, pour donner une impression
inoubliable de grandeur majestueuse et de divine
harmonie. Pour si grands voyageurs qu'ils soient, la
plupart de nos amis d'Ecosse sont émerveillés de tant
de beautés et reconnaissent que la Savoie peut rivaliser
avec la Suisse. Cependant le jour baisse, les ombres
s'allongent et le vapeur nous ramène au point de
départ. C'est pour un certain nombre d'entre nous
l'heure des adieux et de la séparation.

Le troisième meeting est fini.

Quelle en sera la portée pratique ? Il serait peut-être
téméraire de vouloir le préjuger dès aujourd'hui. Ce
n'est pas cependant trop s'aventurer que de dire,
reprenant les paroles de MM. Aynard et Noblemaire,
que l'Association Franco-Ecossaise a fait une œuvre
utile, à Grenoble comme à Paris, et que les impondé-
rables qui se dégagent des manifestations comme celles
de 1896, d'Edimbourg ou de Lyon, servent non seulement les intérêts de la jeunesse et de la vie universitaire, mais aussi « la cause de la patrie et du droit ».
Le vaillant député de Lyon l'avait dit. Lord Glenesk
le répéta, quand dans une de ses allocutions familières
il ajouta : « Il est une chose qu'il faut que vous
compreniez, c'est qu'il y a au nord de l'Europe un
peuple qui pense comme vous, qui a les mêmes sentiments que vous, et que ces sentiments prévaudront
contre la force quand le moment sera venu... »

INDEX

DES

TOASTS, DISCOURS ET CONFÉRENCES
PRONONCÉS AU COURS DU MEETING
DE LYON ET DE GRENOBLE

www.ingramcontent.com/pod-product-compliance
Lightning Source LLC
Chambersburg PA
CBHW072148270326
41931CB00010B/1931